高等教育自学考试系列辅导丛书

丛书组编 四川英华教育文化传播有限公司
Sichuan Yinghua Education & Culture Communication Co.,Ltd
编写依据《薪酬管理》（四川大学出版社主编姜晓萍2022年版）

高等教育自学考试[薪酬管理]辅导资料

薪酬管理模拟试题集

（人力资源管理专业）

主编 梁勤 张静

课程代码
06091

西南财经大学出版社
Southwestern University of Finance & Economics Press
中国·成都

图书在版编目(CIP)数据

薪酬管理模拟试题集/梁勤,张静主编.--成都:
西南财经大学出版社,2024.8.--ISBN 978-7-5504-6288-5
Ⅰ.F272.92-44
中国国家版本馆 CIP 数据核字第 2024EX5815 号

薪酬管理模拟试题集
XINCHOU GUANLI MONI SHITIJI

梁勤　张静　主编

责任编辑:冯　雪
责任校对:金欣蕾
封面设计:张姗姗
责任印制:朱曼丽

出版发行	西南财经大学出版社(四川省成都市光华村街 55 号)
网　　址	http://cbs.swufe.edu.cn
电子邮件	bookcj@swufe.edu.cn
邮政编码	610074
电　　话	028-87353785
照　　排	四川胜翔数码印务设计有限公司
印　　刷	郫县犀浦印刷厂
成品尺寸	185 mm×260 mm
印　　张	9.625
字　　数	158 千字
版　　次	2024 年 8 月第 1 版
印　　次	2024 年 8 月第 1 次印刷
印　　数	1— 3500 册
书　　号	ISBN 978-7-5504-6288-5
定　　价	39.80 元

丛书前言

依靠自己的力量，在有限的时间里学习一门新学科，从不懂到懂，从不会到会，从不理解到理解，从容易遗忘到记忆深刻，从不会应用到熟练应用，从模仿到创新，把书本知识内化为自己的知识，是一个艰难的过程。在这个过程中，自学者不仅需要认真钻研考试大纲，刻苦学习教材和辅导书，还应该做适量的练习，把学和练有机地结合起来，否则，就不能达到预定的学习目标。“纸上得来终觉浅，绝知此事要躬行。”这是每一位自学者都应遵循的信条。

编写模拟试题，同样是件不容易的事。它对编写者提出了相当高的要求：

- 有较深的学术造诣；
- 有较丰富的教学经验；
- 对高等教育自学考试有深刻的理解并有一定的辅导自学者的经历；
- 对考试大纲、教材、辅导书有深入的了解，对文中的重点、难点、相互关系等有准确的理解；
- 对自学者的学习需要和已有的知识基础有一定的了解。

只有这些要求都满足的编写者才能编写出高质量的，有利于自学者举一反三、事半功倍的练习题。

基于学习目标的考虑，我们把模拟试题大致分为四个部分：

第一，单项练习，即针对一个知识点而设计的练习题。其目的在于帮助自学者理解和记忆基本概念和理论。

第二，创造性练习，即通过提供多样化的案例、事实、材料，鼓励考生运用所学的理论、观点、方法，创造性地解决问题。这类问题可能没有统一的答案，只有一些参考性的解题思路。其目的很明确，就是培养自学者的创新意识和能力。

第三，综合自测练习，即在整个学科范围内设计练习题，充分参考考试大纲中的题型，编纂成类似考卷的练习题。其目的在于使自学者能够全面、及时地检测自身学习状况，帮助自学者做好迎接统一考试的知识及心理准备。

第四，历届试题练习，旨在帮助自学者能按正规考试要求进行学习效果的测试。

子曰："学而时习之，不亦说乎。"本书可以让自学者边学边练，有规律地进行复习，这不仅可以提高学习效率，也能给艰难的学习过程带来一些快乐。圣人能够体会到这一点，而今，我们每一位自学者也同样能体会到。如果通过这样的学习过程，实现学习目标、实现人生的理想、实现对自我的不断超越，那么，我们说这种学习乐趣无穷，实为恰如其分，毫不夸张。

高等教育自学考试系列辅导丛书的编写和出版，旨在适应新时期高等教育自学考试事业发展和教学手段变革的需要，彰显高等教育自学考试现代教育理念，在继承中创新、在发展中提高，打造符合高等教育自学考试教学规律的经典试题集。这是一项艰巨而复杂的"培根铸魂"式的文化系统工程，它要求编者投入大量的时间与精力。组织并编写高等教育自学考试系列辅导丛书，是深化辅导丛书育人功能、助力高等教育自学考试高质量发展的有益的探索和实践。

先进思想引领伟大事业。面对国家发展、民族复兴的迫切需求，面对时代改革、未来发展带来的巨大挑战，面对知识获取、传授方式的革命性变化，我们理应挺膺担当，以奋发有为的姿态，满怀信心地肩负教育事业赋予文化企业的使命。我们理应砥砺前行，为实现科教兴国的伟大中国梦，造就堪当民族复兴大任的"腹有诗书气自华"的时代新人而不懈努力。我们坚信，只要怀有对文化教育事业的诚挚热爱，心系考生，情牵教育，牢记使命，那么，胜利与成功必将属于付出努力的人。我们定能携手并进，共同书写以教育强国建设为支撑，引领中国式现代化的新篇章。

四川英华教育文化传播有限公司自考命题研究组

2024 年 5 月于成都

编写说明

《薪酬管理模拟试题集》系云南、贵州、四川等省高等教育自学考试人力资源管理专业必修课程——“薪酬管理”的配套参考用书。该课程从薪酬的基础理论入手，介绍了薪酬与薪酬管理的基本概念及内涵，薪酬管理的相关理论及基本原则；旨在让学生了解薪酬及薪酬管理在人力资源管理以及企业经营中的意义；理解薪酬与薪酬管理的基本概念，掌握薪酬管理常用的技术和方法；学会运用薪酬管理的方法和技术设计薪酬体系，为企业决策提供方案。

该课程自开考以来尚未出版一本以供考生练习使用的复习资料。为此，考生在复习迎考时时常觉得无从下手。为了满足广大考生复习备考之要求，我们根据长期从事高等教育自学考试教学和管理的经验，精心编写了本书，以便更好地帮助教师助学，考生备考。

在编写时，我们依据四川省高等教育自学考试指导委员会发布的《薪酬管理自学考试大纲》和2022年在四川大学出版社出版的《薪酬管理》（主编 姜晓萍）以及历年考试试卷，并结合快速发展的薪酬管理教学理论、不断出台的新的法律法规、不断涌现的管理成果，以模拟试题形式组织编写了本书。编写时，我们力求做到重点突出、内容全面，既有针对性，又有较强的实际效果。题型包括单项选择题、名词解释题、判断改错题、简答题和论述题等常规考试题型，并配有较为完整的参考答案，以供考生练习使用。

模拟试题毕竟不是真正的试题，有其局限性，我们希望考生在认真研读教材、大纲的基础上去练习，不可本末倒置，置教材、大纲于不顾，而一味地做题、猜题、押题，相信考生能理解我们编写此书的良苦用心。“书山有路勤为径，学海无涯苦作舟。”辅导书固然好，但也只是一个助手，在通往成功之路上，更多的是需要自学者的勤奋和努力。

“梅花香自苦寒来”，考生在学习薪酬管理课程的过程中，只有掌握恰当的学习方法，熟读所学内容，多做练习，才能学好这门课程，取得优异的成绩，实现梦想。

知识随时在更新，我们会根据新形势、新情况，应广大考生要求，编写出更多、更新、更适合自考、更符合自考规律的辅导书。

在编写本书时，我们吸收了国内同行的许多经验和优秀教学成果，并得到西南科技大学、四川旅游学院、四川大学、四川农业大学、成都信息工程大学以及四川科技职业学院、成都航空职业技术学院、四川交通职业技术学院、西南财经大学出版社等单位的大力支持，在此一并表示感谢。同时向所有参与编写的老师的辛勤付出与无私奉献表示感谢。

由于编写时间仓促和经验不足，本书的疏漏在所难免，希望考生和助学教师在使用过程中提出批评和意见，我们将会在再版时，进行更新与弥补。

四川英华教育文化传播有限公司自考命题研究组

2024 年 5 月于成都

目 录

四川省高等教育自学考试
薪酬管理模拟试卷（一）

（课程代码　06091）

第一部分　选择题

一、单项选择题（本大题共20小题，每小题1分，共20分。在每小题列出的四个备选项中只有一个是符合题目要求的，请将其选出。）

1. 下列各项中属于外在报酬的是（　　）。

A. 奖金　　B. 欣赏和认可

C. 发展机会　　D. 具有挑战性的工作

2. 最低生活维持费用理论的提出者是（　　）。

A. 大卫·李嘉图　　B. 威廉·配第

C. 费雷德·歇尔　　D. 亚当·斯密

3.《中华人民共和国劳动法》规定，国家实行带薪年休假制度，职工累计满工作10年不满20年的，年休假为（　　）。

A. 5天　　B. 10天

C. 15天　　D. 20天

4. 根据双因素理论，成就感属于（　　）。

A. 激励因素　　B. 保健因素

C. 自我实现因素　　D. 自尊因素

5. 工资支付的原则不包括（　　）。

A. 实物支付的原则　　B. 直接支付的原则

C. 定期支付的原则　　D. 全额支付的原则

6. 采用下列哪项策略的企业通常具有这样的特征：规模较大，投资回报率较高，薪酬成本占总成本的比重较低，产品市场上的竞争少？（　　）

A. 跟随型薪酬策略　　B. 领先型薪酬策略

C. 滞后型薪酬策略　　D. 混合型薪酬策略

7. 薪酬市场调查的内容不包括（　　）。

A. 组织与工作信息　　B. 全面薪酬信息

C. 职位晋升信息　　D. 薪酬战略信息

8. 下列哪项是员工担负的职务和责任？（　　）

A. 职位　　B. 工作

C. 职位分析　　D. 职位评价

9. 企业为保持发展所需的人力资源，保持对外竞争力需要进行（　　）。

A. 薪酬调查　　B. 岗位调查

C. 行业调查　　D. 商品调查

10. 在职位评价的各种方法中，属于量化评价，并采用职位与尺度比较的方法是（　　）。

A. 排序法　　B. 分类法

C. 要素计点法　　D. 要素比较法

11. 海氏职位评价法是将薪酬因素进一步抽象为具有普遍适用性的三大因素，即（　　）。

A. 技能技巧、解决问题、知识水平

B. 技能技巧、承担责任、知识水平

C. 知识水平、解决问题、承担责任

D. 技能技巧、解决问题、承担责任

12. 假如某薪酬等级中，中间值是 3 100 元，薪酬变动率是 50%，则起薪点为（　　）。

A. 1 500 元　　B. 1 750 元

C. 2 480 元　　D. 3 875 元

13. 薪酬变动比率通常是指同一薪酬等级内部的最高值与最低值之差与什么之间的比率？（　　）

A. 最高值　　B. 最低值

C. 平均值　　D. 标准值

14. 下列哪项是管理者在薪酬管理中进行的成本开支方面的权衡和取舍？（　　）

A. 薪酬预算　　B. 薪酬调整

C. 薪酬冻结　　D. 薪酬统计

15. 按照员工服务期的长短而支付或增加薪酬的支付方式是（　　）。

A. 技能工资　　B. 资历工资

C. 年功工资　　D. 计件工资

16. 支付相当于员工岗位价值的薪酬，体现了（　　）。

A. 对外具有竞争力原则　　B. 对员工具有激励性原则

C. 对内具有公平性原则　　D. 薪酬成本的控制原则

17. 西方国家的利润分享制度包括现金式利润分享和（　　）。

A. 超额利润分享　　B. 累进性利润分享

C. 递延式利润分享　　D. 基数式利润分享

18. 员工的哪项薪酬应与企业的经济效益、部门业绩考核结果和个人业绩考核结果挂钩？（　　）

A. 岗位薪酬　　B. 员工福利

C. 基本薪酬　　D. 可变薪酬

19. 社会保险不包括（　　）。

A. 养老保险　　B. 医疗保险

C. 生育保险　　D. 社会优抚

20. 下列不属于自愿性福利的是（　　）。

A. 商业保险　　B. 员工持股

C. 住房福利　　D. 法定休假

第二部分　非选择题

二、名词解释题（本大题共5小题，每小题2分，共10分。）

21. 职位评价

22. 混合型薪酬策略

23. 宽带薪酬

24. 计件工资

25. 绩效加薪

三、判断改错题（本大题共5小题，每小题4分，共20分。判断下列各题划线处的正误，在题后的括号内，正确的划上“√”，错误的划上“×”，并改正错误。）

26. <u>基本薪酬</u>也称为奖励薪酬、浮动薪酬或奖金，是对员工超额劳动部分或劳动绩效突出部分所支付的奖励性报酬。（　　）

27. 职位评价的评价对象是<u>职位上的人</u>。（　　）

28. 自下而上法制定企业薪酬预算，因为忽略企业内外部环境影响，而使薪酬预算缺乏科学性和合理性。（　　）

29. 计件工资更能够反映劳动者在一定时间内提供的劳动量。（　　）

30. 员工福利是总薪酬的重要组成部分。（　　）

四、简答题（本大题共5小题，每小题6分，共30分。）

31. 简述影响薪酬的外部因素。

32. 简述薪酬市场调查的功能。

33. 简述薪酬结构设计的原则。

34. 简述基本薪酬的特点。

35. 简述团队绩效薪酬制度的缺点。

五、论述题（本大题共 2 小题，每小题 10 分，共 20 分。）

36. 结合实际对薪酬满意度调查进行设计。

37. 试述未来薪酬管理的发展趋势。

四川省高等教育自学考试
薪酬管理模拟试卷（一）
参考答案

（课程代码　06091）

一、单项选择题（本大题共20小题，每小题1分，共20分。）

1. A	2. B	3. B	4. A	5. A	6. B	7. C
8. A	9. A	10. D	11. D	12. C	13. B	14. A
15. C	16. C	17. C	18. D	19. D	20. D	

二、名词解释题（本大题共5小题，每小题2分，共10分。）

21. 答：职位评价是制定薪酬的基础，是一种通过系统化的过程确定职位相对价值的用于解决薪酬公平问题的一项人力资源管理技术。

22. 答：混合型薪酬策略指以全面薪酬管理理念为指导，统筹考虑所有薪酬形式的特点，综合制定薪酬策略。

23. 答：宽带薪酬是对多个薪酬等级及薪酬变动范围进行重新组合，从而变成只有相对较少的薪酬等级及相应的较宽薪酬变动范围。

24. 答：计件工资是以劳动定额为依据预先规定计件单价，按照工人完成合格产品的数量或其他产品计算的工作量，来支付劳动报酬的一种形式。

25. 答：绩效加薪是建立在绩效基础之上的基本薪酬增加的一种绩效奖励计划，是指在该年的年度绩效评价结束时，根据事先确定的加薪制度和对员工绩效评价的结果，决定员工在第二年的基本薪酬增长。

三、判断改错题（本大题共5小题，每小题4分，共20分。）

26. ×

将“基本薪酬”改为“可变薪酬”。

27. ×

将“职位上的人”改为“职位”。

28. ×

将“自下而上法”改为“自上而下法”。

29. ×

将“计件工资”改为“计时工资”。

30. √。

四、简答题（本大题共5小题，每小题6分，共30分。）

31. 答：影响薪酬的外部因素有供求关系、经济发展水平和劳动生产率、各地区的生活水平，以及政府的宏观政策。

32. 答：薪酬市场调查的功能有调整薪酬水平、优化薪酬结构、整合薪酬要素、了解薪酬趋势、促进薪酬审计、建立良好的公司形象。

33. 答：薪酬结构设计的原则为战略原则、公平原则、激励原则、竞争原则、合法原则、可操作原则。

34. 答：基本薪酬的特点为常规性、导向性、基准性、稳定性和综合性。

35. 答：

团队绩效薪酬制度的缺点如下：

（1）“搭便车”或“社会懒惰行为”是团队激励中面对的重大潜在问题；

（2）团队绩效薪酬制度可能会引起团队间的竞争；

（3）团队绩效薪酬制度可能增加内部冲突；

（4）并非组织中的所有成员都可以放到团队中；

（5）要设计对所有团队都公平的目标比较困难。

五、论述题（本大题共2小题，每小题10分，共20分。）

36. 答：

（1）确定如何进行薪酬满意度调查；

（2）确定调查任务；

（3）制定调查方案；

（4）实施调查及收集调查资料；

（5）处理调查结果；

（6）分析调查信息；

（7）对措施的实施进行跟踪调查。

37. 答：

（1）薪酬信息日益得到重视；

（2）薪酬与绩效挂钩；

（3）全面薪酬制度；

（4）重视薪酬与团队的关系；

（5）薪酬制度的透明化；

（6）有弹性、可选择的福利制度。

四川省高等教育自学考试
薪酬管理模拟试卷（二）

（课程代码　06091）

第一部分　选择题

一、单项选择题（本大题共20小题，每小题1分，共20分。在每小题列出的备选项中只有一项是最符合题目要求的，请将其选出。）

1. 下列哪项属于外在薪酬？（　　）

A. 参与决策　　B. 活动的多元化

C. 挑战性的工作　　D. 股票期权

2. 下列哪项理论是个人不仅关心自己经过努力所获得的报酬绝对数量，而且也关心自己的报酬与其他人报酬的关系？（　　）

A. 需求理论　　B. 期望理论

C. 比较理论　　D. 公平理论

3. 我国实行的工作制是一周（　　）。

A. 40小时　　B. 42小时

C. 48小时　　D. 52小时

4. 最先提出需要层次论的学者是（　　）。

A. 阿尔德佛　　B. 马斯洛

C. 麦克利兰　　D. 麦格雷格

5. 薪酬管理的基本原则不应该包括（　　）。

A. 激励性原则　　B. 透明性原则

C. 合法性原则　　D. 绝对公平原则

6. 下列哪项策略的最大优点是具有灵活性和针对性？（　　）

A. 跟随型薪酬策略　　B. 滞后型薪酬策略

C. 权变型薪酬策略　　D. 领先型薪酬策略

7. 甲企业平均薪酬水平比乙企业高，那么甲企业的薪酬外部竞争性比乙企业（　　）。

A. 一定高　　B. 一定低

C. 不一定高　　D. 无法判断

8. 下列哪项是为了了解特定行业、地理区域或者职位类别的职位的外部水平？（　　）

A. 薪酬测试　　B. 薪酬调查

C. 职位评价　　D. 职位调查

9. 职位评价的对象是（　　）。

A. 职位　　B. 职位上的人

C. 职责　　D. 职权

10. 在四种常用的职位评价方法中，属于不同方法结合的是（　　）。

A. 排序法　　B. 海氏评价法

C. 要素计点法　　D. 要素比较法

11. 薪酬变动比率通常是指同一薪酬等级内部的最高值与最低值之差与下列哪项间的比率？（　　）

A. 最高值　　B. 最低值

C. 平均值　　D. 标准值

12. 在某企业的某一薪酬等级中，薪酬最低值为 2 000 元，最高值为 4 200 元，则该等级的薪酬变动率为（　　）。

A. 2.1%　　B. 47.62%

C. 110%　　D. 220%

13. 劳动分配率是人工成本总额与下列哪项的比，然后乘以 100%？（　　）

A. 固定费用　　B. 变动费

C. 增加值　　D. 销售收入

14. 有助于确保在未来一段时间内薪酬支出受到一定程度协调与控制的是（　　）。

A. 薪酬预算　　B. 薪酬调整

C. 薪酬冻结　　D. 薪酬统计

15. 以下不属于岗位等级工资制的是（　　）。

A. 一岗一薪制　　B. 技术工资制

C. 一岗数薪制　　D. 复合岗薪制

16. 员工从企业那里获得的较为稳定的经济性报酬是（　　）。

A. 可变薪酬　　B. 绩效薪酬

C. 福利　　D. 基本薪酬

17. 一些特殊的劳动环境、条件会对员工身心造成某种不利影响，有时这些影响在工资或薪水中难以完全、准确地加以反映，则可采用以下哪种形式给予员工一定补偿？（　　）

A. 奖金　　B. 福利

C. 股权　　D. 津贴

18. 在群体绩效奖励计划中，根据对某种组织绩效指标的衡量结果来向员工支付报酬的一种绩效奖励模式是（　　）。

A. 收益分享计划　　B. 利润分享计划

C. 成功分享计划　　D. 班组奖励计划

19. 关于绩效薪酬说法错误的是（　　）。

A. 佣金制不属于绩效薪酬形式　　B. 绩效薪酬过于强调个人的绩效

C. 计件工资制属于绩效薪酬形式　　D. 绩效薪酬的基础缺乏公平

20. 在我国的社会保障体系中，以全体居民为保障对象的是（　　）。

A. 社会保险　　B. 社会救济

C. 社会福利　　D. 社会优抚

第二部分　非选择题

二、名词解释题（本大题共5小题，每小题2分，共10分。）

21. 薪酬管理

22. 薪酬结构

23. 人工成本

24. 年功工资

25. 员工福利

三、判断改错题（本大题共 5 小题，每小题 4 分，共 20 分。判断下列各题划线处的正误，在题后的括号内，正确的划上“√”，错误的划上“×”，并改正错误。）

26. 可变薪酬是劳动的间接回报，即员工福利与服务性的薪酬。（ ）

27. 职位分析的根本目的是确定企业中各职位的相对价值大小。（ ）

28. 差别性原则是薪酬结构设计的基本原则。 （ ）

29. 自上而下薪酬预算法制定薪酬计划，不利于控制总体的人工成本。（ ）

30. 员工福利通常采取间接的形式发放。 （ ）

四、简答题（本大题共5小题，每小题6分，共30分。）

31. 简述影响薪酬的内部因素。

32. 简述宽带薪酬的优点。

33. 简述薪酬市场调查的内容。

34. 简述要素计点法的实施流程。

35. 简述长期绩效激励制度的种类。

五、论述题（本大题共2小题，每小题10分，共20分。）

36. 结合实际对“自助餐式”福利制度进行设计。

37. 试述人工成本管理的程序。

四川省高等教育自学考试
薪酬管理模拟试卷（二）
参考答案

（课程代码 06091）

一、单项选择题（本大题共20小题，每小题1分，共20分。）

1. D	2. D	3. A	4. B	5. D	6. C	7. C
8. B	9. A	10. B	11. B	12. C	13. C	14. A
15. B	16. D	17. D	18. B	19. A	20. A	

二、名词解释题（本大题共5小题，每小题2分，共10分。）

21. 答：薪酬管理是指企业在薪酬方面进行的微观管理，是企业在国家宏观的薪酬政策允许范围之内，在企业自身的经营战略和发展规划的指导下，综合考虑内、外部各种因素的影响，确定自身的薪酬水平、薪酬结构、薪酬体系、薪酬关系和薪酬形式的基本内容，并进行薪酬的预算、调整和控制的整个过程。

22. 答：薪酬结构是指薪酬的各个组成部分及其各部分在薪酬总额中所占的比重，薪酬结构的设计一般都是薪酬内部一致性与外部竞争性的结果。

23. 答：人工成本是企业在生产经营和提供劳务过程中因等价或不等价关系，以直接支付或间接支付方式投资和分配于劳动者的全部费用。

24. 答：年功工资是指按照员工为企业服务期的长度而支付或增加薪酬的一种管理制度，往往与终身雇佣制相关联。

25. 答：员工福利是员工的间接报酬，是指在相对稳定的货币工资以外，企业根据国家法令，为达到激发员工工作积极性、增强员工对企业的忠诚感和改善员工及其家庭生活水平等目的，依托企业自身的能力而支付的辅助性货币、实物或服务。

三、判断改错题（本大题共5小题，每小题4分，共20分。）

26. ×

将“可变薪酬”改为“间接薪酬”。

27. ×

将“职位分析”改为“职位评价”。

28. ×

将“是”改为“不是”。

29. ×

将“自上而下薪酬预算法”改为“自下而上薪酬预算法”。

30. √

四、简答题（本大题共5小题，每小题6分，共30分。）

31. 答：影响薪酬的内部因素有企业的支付能力、企业的薪酬政策和职位要求。

32. 答：

宽带薪酬的优点有：

（1）支持扁平型组织结构；

（2）有利于员工个人技能的增长、能力的提高及职业生涯的发展；

（3）有利于职位的轮换；

（4）有利于推动良好的工作绩效，提升组织的核心竞争优势；

（5）有利于管理人员和人力资源专员工作重心的战略性调整；

（6）有利于薪酬变动的市场化。

33. 答：薪酬市场调查的内容有组织与工作信息、全面薪酬体系信息、薪酬战略信息、薪酬体系的其他信息。

34. 答：

要素计点法的实施流程如下：

（1）确定职位评价的主要影响因素；

（2）根据职位的性质和特征，确定各类职位评价的具体项目；

（3）根据职位要素分类；

（4）确认职位因素分级与点数配置；

（5）根据职位定义及分级；

（6）根据职位等级与点数配置；

（7）实施工资市场调查并确认市场工资率。

35. 答：长期绩效激励制度的种类有股票期权计划、福利性期权计划、报酬性期权计划、核心雇员期权计划、员工持股计划。

五、论述题（本大题共 2 小题，每小题 10 分，共 20 分。）

36. 答：

（1）设计原则：①物质与非物质统一；②个人需要与组织目标的统一；③公平与效率的统一；④保障与激励的统一。

（2）设计步骤：①系统清点企业目前所拥有的所有法定的和自行设计的福利项目；②查明自行设立的福利项目及这些福利是否与企业文化、企业宗旨、生产经营目的相冲突；③对向员工个人和员工整体按规定提供和自行设立的福利项目进行精确的年度预算；④定期开展企业内部的福利调查；⑤定期将本企业的福利政策与工会和其他行业协会政策及人力资源市场上存在竞争关系的公司政策进行比较；⑥根据内外部报酬福利调查结果，并结合企业实际情况对福利计划进行适当调整、改进和完善；⑦为保证福利政策和实践的统一，必须将其整体计划编写到员工手册。

37. 答：

（1）树立人工成本管理观念：①人工成本管理与控制是设计企业所有部门的系统工作；②人工成本管理不等于降低人工成本；③人工成本水平的高低不完全取决于员工收入水平的高低；④人工成本是企业为了追求更长远的利润而对人力资源的一项投资。

（2）编制人工成本总额计划：①确定人工成本总额；②人工成本总额的分配。

四川省高等教育自学考试
薪酬管理模拟试卷（三）

（课程代码　06091）

第一部分　选择题

一、单项选择题（本大题共20小题，每小题1分，共20分。在每小题列出的备选项中只有一项是最符合题目要求的，请将其选出。）

1. 下列属于间接薪酬形式的是（　　）。

A. 岗位津贴　　B. 奖金

C. 基本工资　　D. 员工福利

2. 双因素理论的提出者是（　　）。

A. 马斯洛　　B. 梅奥

C. 赫茨伯格　　D. 邓洛普

3. 《中华人民共和国劳动法》规定，法定休假日安排劳动者工作的，支付不得低于工资的（　　）。

A. 150%　　B. 200%

C. 300%　　D. 250%

4. 维克多·弗鲁姆提出了（　　）。

A. 期望理论　　B. Y 理论

C. X 理论　　D. 需要层次理论

5. 薪酬管理的公平性原则不包括

A. 机会公平　　B. 程序公平

C. 结果公平　　D. 互动公平

6. 采用领先型薪酬策略的企业通常具有的特征是（　　）。

A. 规模较大　　B. 投资回报率较低

C. 产品市场上的竞争较大　　D. 薪酬成本占总成本的比重较高

7. 企业为保持发展所需的人力资源，保持对外竞争力需要进行（　　）。

A. 薪酬调查　　B. 岗位调查

C. 行业调查　　D. 商品调查

8. 达成薪酬系统公平性的重要手段是（　　）。

A. 职位设计　　B. 职位再设计

C. 职位分析　　D. 职位评价

9. 薪酬市场调查的内容包括（　　）。

A. 经济环境　　B. 社会环境

C. 政治环境　　D. 组织与工作信息

10. 以下哪项是组织中一组职责相似的职位的集合？（　　）

A. 职位　　B. 工作

C. 职位分析　　D. 职位评价

11. 在职位评价的各种方法中，属于非量化评价，并采用职位与职位比较的方法是（　　）。

A. 排序法　　B. 分类法

C. 要素计点法　　D. 要素比较法

12. 假设以最低值为基础的薪酬变动比率为 50%，当薪酬区间中值为 4 500 元时，则据此计算的薪酬区间最低值为（　　）。

A. 3 400 元　　B. 3 600 元

C. 3 800 元　　D. 4 200 元

13. 某薪酬区间中值为 3 000 元，以中值为基础的薪酬变动比率为 20%，则据此计算的薪酬区间最低值和最高值分别为（　　）。

A. 2 400 元和 3 600 元　　B. 2 400 元和 3 750 元

C. 2 500 元和 3 600 元　　D. 2 727 元和 3 300 元

14. 对薪酬的控制一定要谨慎行事，尽可能不要采取直接降低员工的（　　）。

A. 激励薪酬　　B. 可变薪酬

C. 基本薪酬　　D. 间接薪酬

15. 以下不属于技能薪酬体系的优点的是（　　）。

A. 促使员工注重能力的提升　　B. 帮助企业留住专业人才

C. 使企业适应多变的环境　　D. 实现了真正意义上的同工同酬

16. 计件工资额是下列哪项与合格产品数量的乘积？（　　）

A. 计件单价　　B. 人工单价

C. 时间单价　　D. 计件价值

17. 下列不属于个人绩效奖励计划的主要形式是（　　）。

A. 绩效加薪　　B. 福利

C. 一次性奖金　　D. 月浮动薪酬

18. 经营者年薪制的构成一般不包括（　　）。

A. 可变薪酬　　B. 浮动薪酬

C. 提成薪酬　　D. 基本薪酬

19. 下列哪项是企业及其员工在依法参加基本养老保险的基础上，自愿建立的补充养老保险制度？（　　）

A. 企业公积金　　B. 企业年薪

C. 企业附加福利　　D. 企业年金

20. 影响员工福利的内部因素是（　　）。

A. 国家的法律法规　　B. 社会的物价水平

C. 劳动力市场的状况　　D. 企业的经济效益

第二部分　非选择题

二、名词解释题（本大题共5小题，每小题2分，共10分。）

21. 内在薪酬

22. 薪酬市场调查

23. 薪酬预算

24. 资历工资

25. 绩效加薪

三、判断改错题（本大题共5小题，每小题4分，共20分。判断下列各题划线处的正误，在“答题卡”的试题序号后，正确的划上“√”，错误的划上“×”，并改正错误。）

26. 间接薪酬是以员工劳动的熟练程度、复杂程度、责任及劳动强度为基准，根据员工所承担或完成的工作本身或者员工所具备的完成工作的技能或能力而向员工支付的稳定性报酬。（　　）

27. 职位设计是指定薪酬分配的基础。（　　）

28. 自下而上薪酬预算法是先由企业的高层主管根据企业总体业绩指标的预测，决定企业整体的薪酬预算和增薪的数额，然后再将整个预算数目分配到每一个部门。（　　）

29. 计件工资根据时间跨度分为小时工资、日工资、月工资和周工资等。（　　）

30. 员工福利大都表现为非现金的收入。 （ ）

四、简答题（本大题共5小题，每小题6分，共30分。）

31. 简述影响薪酬管理的内部因素。

32. 简述薪酬市场调查的内容。

33. 简述薪酬结构设计的流程。

34. 简述要素计点法的优缺点。

35. 简述“自助餐式”福利制度的设计原则。

五、论述题（本大题共 2 小题，每小题 10 分，共 20 分。）

36. 结合实际对薪酬管理的过程进行设计。

37. 试述薪酬体系的调整。

四川省高等教育自学考试
薪酬管理模拟试卷（三）
参考答案

（课程代码　06091）

一、单项选择题（本大题共20小题，每小题1分，共20分。）

1. D	2. C	3. B	4. A	5. C	6. A	7. A
8. D	9. D	10. B	11. A	12. B	13. D	14. C
15. D	16. A	17. B	18. C	19. D	20. D	

二、名词解释题（本大题共5小题，每小题2分，共10分。）

21. 答：内在薪酬是指由于自己努力工作而受到晋升、表扬或受到重视等，从而产生的工作的荣誉感、成就感、责任感等各种心理满足和心理收益。

22. 答：薪酬市场调查是指应用各种合法手段采集、分析竞争对手所支付的薪酬水平，并在此基础上，结合企业自身的战略目标和经营绩效，确定企业薪酬水平的市场定位。

23. 答：薪酬预算是指薪酬管理过程中各项人力费用支出权衡取舍的一个计划，它规定了在预算期内企业可以用于支付薪酬费用的资金。

24. 答：资历工资是指按照员工的年龄、工龄、学历、本专业职位年限等因素为依据的工资。资历工资是以员工的能力为依据，是一种技能、能力导向型工资。

25. 答：绩效加薪是建立在绩效基础之上的基本薪酬增加的一种绩效奖励计划，是指在该年的年度绩效评价结束时，根据事先确定的加薪制度和对员工绩效评价的结果，决定员工在第二年的基本薪酬增长。

三、判断改错题（本大题共5小题，每小题4分，共20分。）

26. ×

将“间接薪酬”改为“基本薪酬”。

27. ×

将“职位设计”改为“职位评价”。

28. ×

将“自下而上”改为“自上而下”。

29. ×

将“计件工资”改为“计时工资”。

30. √

四、简答题（本大题共5小题，每小题6分，共30分。）

31. 答：影响薪酬管理的内部因素有企业的经营战略、企业的管理哲学、企业文化和企业财务状况。

32. 答：薪酬市场调查的内容有组织与工作信息、全面薪酬体系信息、薪酬战略信息和薪酬体系的其他信息。

33. 答：

薪酬结构设计的流程：

（1）制定薪酬原则和策略；

（2）进行职位分析与职位评价；

（3）进行薪酬调查；

（4）进行薪酬结构设计；

（5）进行薪酬结构的修正和调整。

34. 答：

（1）优点：①其科学性、客观性及由此带来的相对公平性；②一旦系统设计完成，使用起来十分方便；③具有广泛的适应性；④评定准确性较高。

（2）缺点：①系统设计十分困难，专业性很强、工作量大、较为费时费力，定义和权衡要素的技术要求高；②在选定评价项目以及给定权数时带有一定的主观性。

35. 答：

该制度的设计原则为：

（1）物质与非物质统一；

（2）个人需要与组织目标的统一；

（3）公平与效率的统一；

（4）保障与激励的统一。

五、论述题（本大题共 2 小题，每小题 10 分，共 20 分。）

36. 答：

（1）前期准备阶段：①指定企业的薪酬原则和策略；②分析影响本企业薪酬管理的因素；

（2）实施阶段：①确立管理目标；②职位设计和分析；③职位评价；④薪酬调查与薪酬定位；⑤薪酬结构设计；⑥薪酬制度的实施、控制和修正。

37. 答：

（1）薪酬水平的调整：①选择调整战略和新的政策；②重视经验曲线规律。

（2）薪酬结构的调整：①纵向等级结构的调整；②横向薪酬结构的调整。

（3）员工薪酬调整。

四川省高等教育自学考试
薪酬管理模拟试卷（四）

（课程代码　06091）

第一部分　选择题

一、单项选择题（本大题共20小题，每小题1分，共20分。在每小题列出的备选项中只有一项是最符合题目要求的，请将其选出。）

1. 按照激励时间的长短，薪酬可以分为（　　）。

A. 长期薪酬和短期薪酬　　B. 直接薪酬和间接薪酬

C. 计件薪酬和计时薪酬　　D. 内在薪酬和外在薪酬

2. 赫兹伯格提出双因素理论中的保健因素包括（　　）。

A. 工作成就　　B. 工作认可

C. 个人成长　　D. 工作条件

3.《劳动合同法》规定，劳动合同期限一年以上不满三年的，试用期不得超过（　　）。

A. 一个月　　B. 两个月

C. 三个月　　D. 四个月

4. 影响企业薪酬水平的外部因素包括（　　）。

A. 城区居民生活水平　　B. 行业因素

C. 企业经济效益　　D. 企业人员配置

5. 以全面薪酬管理理念为指导，统筹考虑所有薪酬形式的特点，综合制定薪酬的是（　　）。

A. 跟随型薪酬策略　　B. 混合型薪酬策略

C. 权变型薪酬策略　　D. 领先型薪酬策略

6. 作为薪酬制定基础的是（　　）。

A. 薪酬管理　　B. 工作分析

C. 职位评价　　D. 职位调查

7. 企业职位多且复杂，可以选用的量化职位评价方法是（　　）。

A. 分类法　　B. 交错排序法

C. 比较排序法　　D. 要素比较法

8. 假设企业某薪酬等级中，薪酬最高值是 8 000 元，最低值为 5 000 元，则该等级的薪酬变动比率为（　　）。

A. 40%　　B. 50%

C. 60%　　D. 70%

9. 企业进行薪酬横向结构设计时需要考虑（　　）。

A. 职位薪酬等级的数量　　B. 薪酬类别间组合方式及比例

C. 薪酬变动比率　　D. 相邻薪酬等级的重叠与交叉

10. 下列哪项是管理者在薪酬管理过程中进行的各项人力费用支出的权衡与取舍？（　　）

A. 薪酬预算　　B. 薪酬调整

C. 薪酬冻结　　D. 薪酬统计

11. 薪酬支付的原则包括（　　）。

A. 不及时性原则　　B. 可滞后原则

C. 现金原则　　D. 定期原则

12. 反映企业人工成本的总量水平的指标是（　　）。

A. 人工成本结构　　B. 人工成本总量

C. 比率型　　D. 工资总额

13. 下列作为其他薪酬水平确定依据的是（　　）。

A. 可变薪酬　　B. 绩效薪酬

C. 福利　　D. 基本薪酬

14. 下列哪项工资的基本特点表现为员工的企业工龄越长，工资越高？（　　）

A. 技能工资　　B. 资历工资

C. 年功工资　　D. 计件工资

15. 对员工超过定额的劳动量支付的报酬是（　　）。

A. 业绩提成　　B. 计件奖励制

C. 成功分享计划　　D. 奖金计划

16. 关于绩效薪酬说法正确的是（　　）。

A. 绩效薪酬的目的是激励工作绩效提高

B. 计件工资制属于绩效薪酬形式

C. 绩效薪酬用于维持员工基本的生活

D. 绩效薪酬过于强调团队的绩效

17. 企业福利项目包括（　　）。

A. 社会保险　　B. 带薪休假

C. 收入保障计划　　D. 津贴

18. 员工的福利管理的原则包括（　　）。

A. 平等性原则　　B. 导向性原则

C. 常规性原则　　D. 稳定性原则

19. 下列表示企业管理者对薪酬管理运行的目标、任务和手段进行选择和组合的是（　　）。

A. 薪酬水平　　B. 薪酬结构

C. 薪酬体系　　D. 薪酬政策

20. 薪酬变动比率是同一薪酬等级内部最高值与最低值之差与下列哪项间的比率？（　　）

A. 最高值和最低值之和　　B. 最高值

C. 平均值　　D. 最低值

第二部分　非选择题

二、名词解释题（本大题共5小题，每小题2分，共10分。）

21. 薪酬

22. 薪酬市场调查

23. 技能工资

24. 职位分析

25. 技术等级工资制

三、判断改错题（本大题共5小题，每小题4分，共20分。判断下列各题划线处的正误，在“答题卡”的试题序号后，正确的划上“√”，错误的划上“×”，并改正错误。）

26. 在其他情况不变的前提下，员工生产效率越高，他的薪酬就会越低。（　　）

27. 在企业基层员工薪酬总额中，长期薪酬占比很高。（　　）

28. 劳动保护费用属于企业人工成本，需要纳入企业财务成本项目核算利润水平。（ ）

29. 当企业薪酬成本偏高时，可以采用薪酬冻结来增加人工成本，从而确保企业正常运行。（ ）

30. 根据福利项目的提供是否具有法律强制性，可以将其分为法定福利和自愿福利。（ ）

四、简答题（本大题共 5 小题，每小题 6 分，共 30 分。）

31. 简述影响薪酬的内部因素。

32. 简述基本薪酬的设计步骤。

33. 简述团队绩效薪酬制度的缺点。

34. 简述薪酬支付的原则。

35. 简述马斯洛需要层次理论。

五、论述题（本大题共 2 小题，每小题 10 分，共 20 分。）

36. 结合实际论述“自助餐式”福利制度的优缺点。

37. 试述薪酬结构设计的方法与步骤。

四川省高等教育自学考试
薪酬管理模拟试卷（四）
参考答案

（课程代码　06091）

一、单项选择题（本大题共 20 小题，每小题 1 分，共 20 分。）

1. A	2. D	3. B	4. A	5. B	6. C	7. D
8. C	9. B	10. A	11. C	12. B	13. D	14. C
15. D	16. A	17. C	18. C	19. D	20. D	

二、名词解释题（本大题共 5 小题，每小题 2 分，共 10 分。）

21. 答：广义的薪酬指雇主对雇员为组织提供劳动或劳务而支付的各种报酬的总和。狭义的薪酬指员工因雇佣关系的存在而从雇主那里获得的所有各种形式的经济收入。

22. 答：薪酬市场调查是指企业通过合法手段，收集和整理市场上相关企业岗位的薪酬信息，并在科学统计与分析的基础上形成薪酬调查报告的过程。

23. 答：技能工资是依据员工技术水平及其他综合能力支付的劳动报酬。

24. 答：职位分析是指通过一系列的程序和方法，找出某个职位的工作性质、任务、责任及完成该项工作所需的技能和知识的过程。

25. 答：技术等级工资制是指以员工能力为基础的等级工资制度形式，它是根据技术复杂程度和劳动熟练程度来划分工资等级，规定相应工资标准的薪酬制度。

三、判断改错题（本大题共5小题，每小题4分，共20分。）

26. ×

将“低”改为“高”。

27. ×

将“长期薪酬”改为“短期薪酬”。

28. √

29. ×

将“增加”改为“降低”。

30. √

四、简答题（本大题共5小题，每小题6分，共30分。）

31. 答：影响薪酬的内部因素有企业的支付能力、企业的薪酬政策、职位要求。

32. 答：基本薪酬的设计步骤为工作分析、职位评价、进行薪酬市场调查和确定基本薪酬结构。

33. 答：

团队绩效薪酬制度的缺点有：

（1）“搭便车”或“社会懒惰行为”是团队激励中面对的重大潜在问题；

（2）团队绩效薪酬制度可能会引起团队间的竞争；

（3）团队绩效薪酬制度可能会增加内部冲突；

（4）并非组织中的所有成员都可以放到团队中；

（5）要设计对所有团队都公平的目标比较困难。

34. 答：薪酬支付的原则有及时性原则、足额原则、现金原则、薪资扣除的约定原则。

35. 答：

马斯洛认为人类的需要分为以下五个层次：生理的需要、安全的需要、感情与归属的需要、尊重的需要和自我实现的需要。

五、论述题（本大题共2小题，每小题10分，共20分。）

36. 答：

（1）优点：①便于控制福利成本，易于编列公司年度福利预算；②提升企业形象与公司竞争力；③调整公司人力结构并减轻福利规划人员心理负担；④作为激励的新方法，使企业福利资源达到最有效的运用；⑤满足员工对福利的需求。

（2）缺点：①加大管理工作的复杂性；②员工可能为实现福利金额最大化而选择自己不需要的项目；③员工自由选择造成福利项目实施不统一，这样会减少福利模式具有的规模效应。

37. 答：

薪酬结构设计的方法与步骤为：

（1）制定薪酬原则与策略；

（2）职位分析与职位评价；

（3）薪酬调查；

（4）薪酬结构设计；

（5）薪酬结构的修正和调整。

四川省高等教育自学考试
薪酬管理模拟试卷（五）

（课程代码　06091）

第一部分　选择题

一、单项选择题（本大题共20小题，每小题1分，共20分。在每小题列出的备选项中只有一项是最符合题目要求的，请将其选出。）

1. 薪酬在员工方面的功能包括（　　）。

A. 资本增值功能　　B. 桥梁功能

C. 补偿功能　　D. 统计与监督功能

2. 提出员工的激励水平由期望概率和效价决定的理论是（　　）。

A. 需求理论　　B. 期望理论

C. 比较理论　　D. 公平理论

3. 我国工资支付原则不包括（　　）。

A. 货币支付原则　　B. 间接支付原则

C. 全额支付原则　　D. 定期支付原则

4.《中华人民共和国劳动法》规定，用人单位在法定节假日安排劳动者工作的，支付不低于工资的（　　）。

A. 100%　　B. 150%

C. 200%　　D. 300%

5. 支付高于市场平均薪酬水平的策略是（　　）。

A. 跟随型薪酬策略　　B. 滞后型薪酬策略

C. 权变型薪酬策略　　D. 领先型薪酬策略

6. 影响企业薪酬水平的外部因素包括（　　）。

A. 城区居民生活水平　　B. 行业因素

C. 企业经济效益　　D. 企业人员配置

7. 确定职位相对价值大小的人力资源管理技术是（　　）。

A. 薪酬管理　　B. 工作分析

C. 职位评价　　D. 职位调查

8. 假设企业某薪酬等级中，中位值是 7 000，薪酬变动比率为 80%，则薪酬最低值为（　　）。

A. 3 000 元　　B. 4 000 元

C. 5 000 元　　D. 6 000 元

9. 采用下列哪项竞争策略的企业更加关注成本控制和节省？（　　）

A. 成本领先策略　　B. 集中化经营策略

C. 资金控制策略　　D. 差异化策略

10. 企业进行薪酬纵向结构设计需要考虑（　　）。

A. 职位薪酬等级的数量　　B. 薪酬类别间组合方式及比例

C. 长期薪酬与短期薪酬间的比例　　D. 薪酬内部要素的组合及比例

11. 下列属于企业人工成本的是（　　）。

A. 原材料购买费　　B. 物资折旧费

C. 社会保险费　　D. 生产设备费

12. 反映人工成本各组成项目占人工成本总额比例的指标是（　　）。

A. 人工成本结构　　B. 人工成本总量

C. 劳动分配率　　D. 工资总额

13. 企业对员工进行薪酬控制，尽量不要采用的做法是直接降低（　　）。

A. 基本薪酬　　B. 可变薪酬

C. 间接薪酬　　D. 浮动薪酬

14. 当企业薪酬成本偏高时，企业控制成本的手段有（　　）。

A. 招聘员工　　B. 薪酬冻结

C. 提高员工福利　　D. 增加工作时间

15. 团队绩效薪酬典型的表现形式包括（　　）。

A. 业绩提成　　B. 计件奖励制

C. 成功分享计划　　D. 奖金计划

16. 关于绩效薪酬说法正确的是（　　）。

A. 绩效薪酬根据工作成果支付

B. 计时工资制属于绩效薪酬形式

C. 绩效薪酬用于维持员工基本的生活

D. 绩效薪酬的变化幅度不大

17. 下列属于员工福利的是（　　）。

A. 社会保险　　B. 奖金计划

C. 经营者年薪制　　D. 津贴

18. 为了保持员工实际福利水平不变，当社会物价水平上涨时，企业需要支付的福利开支（　　）。

A. 增加　　B. 不变

C. 减少　　D. 不确定

19. 企业结构稳定，规模较小，采用的非量化职位评价方法是（　　）。

A. 海氏职位评价　　B. 分类法

C. 要素计点法　　D. 要素比较法

20. 以下哪项是为了补偿特殊工作条件给员工造成损失而支付的报酬？（　　）

A. 津贴　　B. 资历工资

C. 补贴　　D. 年功工资

第二部分　非选择题

二、名词解释题（本大题共 5 小题，每小题 2 分，共 10 分。）

21. 内在薪酬

22. 薪酬关系

23. 计件工资

24. 薪酬变动范围

25. 职能等级工资制

三、判断改错题（本大题共5小题，每小题4分，共20分。判断下列各题划线处的正误，在"答题卡"的试题序号后，正确的划上"√"，错误的划上"×"，并改正错误。）

26. 组织所支付<u>薪酬水平</u>的高低直接影响企业在劳动力市场上获取劳动力能力的强弱。（　　）

27. 海氏职位评价法是将薪酬因素进一步抽象为具有普遍适用性的三大因素，即技能技巧、解决问题和<u>知识水平</u>。（　　）

28. 年功工资往往与终身雇佣制相关联，随着员工在企业的工作时间增长，工资越<u>低</u>。（　　）

29. 根据福利项目的实施主体不同，可以将其分为社会福利和<u>固定福利</u>。（　　）

30. 劳动合同当事人双方法律地位平等，但是从组织管理上看，双方身份具有隶属关系。（ ）

四、简答题（本大题共 5 小题，每小题 6 分，共 30 分。）

31. 简述宽带薪酬结构的设计要点。

32. 简述基本薪酬的特点。

33. 简述个人绩效薪酬制度的缺点。

34. 简述薪酬满意度调查的功能。

35. 简述职位评价的工作程序。

五、论述题（本大题共 2 小题，每小题 10 分，共 20 分。）

36. 结合实际对“自助餐式”福利制度进行设计。

37. 论述未来薪酬管理的发展趋势。

四川省高等教育自学考试
薪酬管理模拟试卷（五）
参考答案

（课程代码　06091）

一、单项选择题（本大题共20小题，每小题1分，共20分。）

1. C	2. B	3. B	4. D	5. D	6. A	7. C
8. C	9. A	10. A	11. C	12. A	13. A	14. B
15. C	16. A	17. A	18. A	19. B	20. A	

二、名词解释题（本大题共5小题，每小题2分，共10分。）

21. 答：内在薪酬是由于自己努力工作而受到晋升、表扬或重视等，从而产生的工作的荣誉感、成就感、责任感等各种心理满足和心理收益。

22. 答：薪酬关系是企业内部不同职位的薪酬水平所形成的相互比较关系。

23. 答：计件工资是以劳动定额为依据预先规定计件单价，按照工人完成合格产品的数量以其他产品计算的工作量，来支付劳动报酬的一种形式。

24. 答：薪酬变动范围是指在同一薪酬等级中，薪酬最高值与最低值之间的差距。

25. 答：职能等级工资制是指按员工所具备的完成某一职位等级工作所要求的工作能力，确定工资等级的工资制度。

三、判断改错题（本大题共5小题，每小题4分，共20分。）

26. √。

27. ×

将“知识水平”改为“承担责任”。

28. ×

将“低”改为“高”。

29. ×

将“固定福利”改为“企业福利”。

30. √。

四、简答题（本大题共5小题，每小题6分，共30分。）

31. 答：

宽带薪酬结构的设计要点有：

（1）确认宽带薪酬是否适合本组织；

（2）确认宽带薪酬的主体框架；

（3）以职位评价为基准，建立健全绩效管理与技能或能力评价体系。

32. 答：基本薪酬的特点有常规性、导向性、基准性、稳定性、综合性。

33. 答：

个人绩效薪酬制度的缺点主要有：

（1）鼓励员工注重短期效益，损害企业长期利益；

（2）有损团队精神，员工间合作水平低，易引发不良竞争；

（3）“员工的努力与取得的绩效”二者间的关联度往往不高；

（4）操作存在复杂性，衡量单个员工所贡献的绩效要受到多个因素的影响。

34. 答：

薪酬满意度调查的功能有：

（1）了解员工对薪酬的期望；

（2）诊断企业潜在的问题；

（3）找出本阶段出现的主要问题的原因；

（4）评估组织变化和企业政策对员工的影响；

（5）促进公司与员工之间的沟通和交流；

（6）增强企业凝聚力。

35. 答：

职位评价的工作程序为：

（1）目标选择与组织；

（2）进行方案设计；

（3）进行方案实施与情报分析；

（4）进行结果表达与运用。

五、论述题（本大题共2小题，每小题10分，共20分。）

36. 答：

（1）系统清点企业目前所拥有的所有法定的和自行设计的福利项目；

（2）查明自行设立的福利项目及这些福利是否与企业文化、企业宗旨、生产经营目的相冲突；

（3）对向员工个人和员工整体按规定提供和自行设立的福利项目进行精确的年度预算；

（4）定期开展企业内部的福利调查；

（5）定期将本企业的福利政策与工会和其他行业协会政策及人力资源市场上存在竞争关系的公司政策进行比较；

（6）根据内外部报酬福利调查结果，并结合企业实际情况对福利计划进行适当调整、改进和完善；

（7）为保证福利政策和实践的统一，必须将其整体计划编写到员工手册。

37. 答：

（1）薪酬信息日益得到重视；

（2）薪酬与绩效挂钩；

（3）全面薪酬制定；

（4）重视薪酬与团队的关系；

（5）薪酬制度的透明化；

（6）有弹性、可选择的福利制度。

四川省高等教育自学考试
薪酬管理模拟试卷（六）

（课程代码 06091）

第一部分 选择题

一、单项选择题（本大题共20小题，每小题1分，共20分。在每小题列出的备选项中只有一项是最符合题目要求的，请将其选出。）

1. 下列属于外在薪酬的是（ ）。

A. 个人发展的机会　　B. 多元化的活动

C. 较多的职权　　D. 股票期权

2. 企业管理者提高工人工资，并实施科学管理的工资标准，符合这一特点的薪酬管理时期是（ ）。

A. 专制时期　　B. 温情主义时期

C. 科学管理时期　　D. 行为科学时期

3. 被称为“人力资本之父”的学者是（ ）。

A. 赫兹伯格　　B. 斯金纳

C. 马斯洛　　D. 舒尔茨

4. 薪酬方案设计需进行薪酬成本核算，这体现薪酬管理的（ ）。

A. 公平性原则　　B. 经济性原则

C. 激励性原则　　D. 补偿性原则

5. 《中华人民共和国劳动合同法》规定，劳动者试用期最长不超过（ ）。

A. 4个月　　B. 5个月
C. 6个月　　D. 7个月

6. 决定企业薪酬外部竞争性的是（　　）。
A. 薪酬水平　　B. 薪酬调查
C. 薪酬结构　　D. 薪酬关系

7. 职位评价的基本要素是（　　）。
A. 职位　　B. 职位人
C. 职责和职权　　D. 环境

8. 对结构稳定、实力单薄的小企业进行职位评价，可以选用的非量化方法是（　　）。
A. 海氏职位评价系统　　B. 要素比较法
C. 要素计点法　　D. 排序法

9. 对于营销类员工，企业为调动员工工作积极性，可选用的薪酬结构类型是（　　）。
A. 高风险薪酬结构　　B. 高弹性薪酬结构
C. 高稳定薪酬结构　　D. 调和型薪酬结构

10. 在企业的某一薪酬等级中，薪酬最高值为4 500元，最低值为2 000元，则该等级的薪酬区间中值为（　　）。
A. 2 000元　　B. 2 500元
C. 3 000元　　D. 3 500元

11. 企业调整偏高的薪酬成本，可采用的方法是（　　）。
A. 减少销售额　　B. 缩短工作时间
C. 招聘员工　　D. 薪酬冻结

12. 下列属于人工成本的是（　　）。
A. 原材料购买费　　B. 物资折旧费
C. 社会保险费　　D. 生产设备费

13. 根据产品合格率来支付薪酬的企业，可采用的工资形式是（　　）。
A. 技能工资　　B. 资历工资
C. 计时工资　　D. 计件工资

14. 技能等级工资制给付薪酬的依据是（　　）。
A. 员工技术水平　　B. 岗位要求

C. 薪点数　　D. 薪点值

15. 下列属于个人绩效薪酬的是（　　）。

A. 利润分享计划　　B. 收益分享计划

C. 班组奖励计划　　D. 业绩提薪

16. 长期绩效激励制度的衡量周期是（　　）。

A. 一年以上　　B. 两年以上

C. 三年以上　　D. 四年以上

17. 按照福利项目提供是否具有法律强制性，员工福利分为法定福利和（　　）。

A. 自愿性福利　　B. 全员性福利

C. 特种福利　　D. 特困补助

18. 影响员工福利的企业外部因素是（　　）。

A. 企业发展阶段　　B. 企业经济效益

C. 员工个人因素　　D. 国家法律法规

19. 社会保险具有的特点包括（　　）。

A. 普遍性　　B. 公正性

C. 激励性　　D. 创造性

20. 对员工福利而言，下列说法正确的是（　　）。

A. 员工福利不会增加企业的成本

B. 所有的员工福利不具有强制性

C. 员工福利的给付方式只能是现金

D. 企业可以通过发放员工福利进行合理避税

第二部分　非选择题

二、名词解释题（本大题共 5 小题，每小题 2 分，共 10 分。）

21. 薪酬

22. 领先型薪酬策略

23. 职位评价

24. 薪酬结构

25. 经验曲线

三、判断改错题（本大题共5小题，每小题4分，共20分。判断下列各题划线处的正误，在“答题卡”的试题序号后，正确的划上“√”，错误的划上“×”，并改正错误。）

26. 其他条件不变，劳动力供不应求时，企业通过降低薪酬以满足企业生产经营对劳动力的需求。（　）

27. 根据需要层次理论，人的需要分为生理的需要、安全的需要、感情与归属的需要、尊重的需要和自我实现的需要。（　）

28. 职位评价的根本目的是决定企业中各个职位相对价值的大小。（　）

29. 薪酬构成中，为员工提供稳定收入来源的是可变薪酬。（　）

30. 企业通过缩小员工绩效薪酬变化幅度，从而提高员工的工作积极性。（　）

四、简答题（本大题共5小题，每小题6分，共30分。）

31. 简述薪酬在企业方面的功能。

32. 简述薪酬市场调查的内容。

33. 简述薪酬结构设计的原则。

34. 简述基本薪酬的设计步骤。

35. 简述个人绩效薪酬的缺点。

五、论述题（本大题共 2 小题，每小题 10 分，共 20 分。）

36. 试述宽带薪酬的设计要点。

37. 试述员工福利成本控制的方法。

四川省高等教育自学考试
薪酬管理模拟试卷（六）
参考答案

（课程代码　06091）

一、单项选择题（本大题共20小题，每小题1分，共20分。）

1. D	2. C	3. D	4. B	5. C	6. A	7. A
8. D	9. B	10. B	11. D	12. C	13. D	14. A
15. D	16. A	17. A	18. D	19. A	20. D	

二、名词解释题（本大题共5小题，每小题2分，共10分。）

21. 答：广义的薪酬是指雇主对雇员为组织所提供劳动或劳务而支付的各种报酬的总和。狭义指员工因为雇佣关系的存在而从雇主那里获得的所有各种形式的经济收入。

22. 答：领先型薪酬策略是指支付高于市场平均薪酬水平的策略。

23. 答：职位评价是通过系统化的过程确定职位相对价值的用于解决薪酬公平性问题的一项人力资源管理技术。

24. 答：薪酬结构是指薪酬的各个组成部分及其各部分在薪酬总额中所占的比重。

25. 答：经验曲线是指随着时间的增加，某个人对某个岗位、某项工作的熟悉程度、经验累积乃至感情会越来越深，从而有利于员工改进工作方法，提高工作效率，更好、更合理完成本职工作。

三、判断改错题（本大题共5小题，每小题4分，共20分。）

26. ×

将“降低”改为“提高”。

27. √

28. √

29. ×

将“可变薪酬”改为“基本薪酬”。

30. ×

将“缩小”改为“增大”。

四、简答题（本大题共5小题，每小题6分，共30分。）

31. 答：

其功能有：①资本增值功能；②桥梁作用；③控制经营成本的功能；④改善经营绩效的功能；⑤强化企业文化、支持企业变革的功能；⑥人员配置功能；⑦劳资协调功能。

32. 答：

其内容有：组织与工作信息、全面薪酬体系信息、薪酬战略信息和薪酬体系的其他信息。

33. 答：其原则为战略原则、公平原则、激励原则、竞争原则、合法原则、可操作原则。

34. 答：

设计步骤：①进行工作分析；②进行职位分析；③薪酬市场调查；④确定基本薪酬结构。

35. 答：

其缺点有：

（1）鼓励员工注重短期效益，损害企业长期利益；

（2）有损团队精神，员工间合作水平低，易引发不良竞争；

（3）“员工的努力与取得的绩效”二者间的关联度往往不高；

（4）操作存在复杂性，衡量单个员工所贡献的绩效要受到多个因素的影响。

五、论述题（本大题共2小题，每小题10分，共20分。）

36. 答：

其设计要点有：

（1）确认宽带薪酬是否适合本组织。

（2）确定宽带薪酬的主体框架：①确定宽带的数量；②选择宽带薪酬的应用模式；③建立宽带薪酬结构。

（3）以职位评价为基准，建立健全绩效管理与技能或能力评价体系。

37. 答：

其控制方法有：

（1）在计划设立过程中，向员工引入费用分担制；

（2）将一些传统的福利项目进行变通，并与其他项目进行结合；

（3）在福利计划的管理上进行“分开处理”的原则；

（4）开发一些福利项目或重新设计福利计划。

四川省高等教育自学考试
薪酬管理模拟试卷（七）

（课程代码　06091）

第一部分　选择题

一、单项选择题（本大题共20小题，每小题1分，共20分。在每小题列出的备选项中只有一项是最符合题目要求的，请将其选出。）

1. 下列属于直接薪酬的是（　　）。

A. 工资　　B. 保险

C. 较多的职权　　D. 多元化的活动

2. 劳动者的薪酬维系在满足生存需要的水平，符合这一特点的薪酬管理时期是（　　）。

A. 专制时期　　B. 温情主义时期

C. 科学管理时期　　D. 行为科学时期

3. 赫兹伯格提出的双因素理论中的激励因素包括（　　）。

A. 工作薪金　　B. 工作条件

C. 工作成就　　D. 工作监督

4. 薪酬管理必须受到法律法规的约束，这体现薪酬管理的（　　）。

A. 公平性原则　　B. 合法性原则

C. 激励性原则　　D. 补偿性原则

5. 《中华人民共和国劳动法》规定，劳动者每日工作时间不超过（　　）。

A. 8 小时　　B. 9 小时

C. 10 小时　　D. 11 小时

6. 企业制定薪酬水平策略的依据是（　　）。

A. 薪酬体系　　B. 薪酬调查

C. 薪酬结构　　D. 薪酬关系

7. 职位评价的能动要素是（　　）。

A. 职位　　B. 职位人

C. 职责和职权　　D. 环境

8. 下列属于非量化职位评价方法的是（　　）。

A. 海氏职位评价系统　　B. 要素比较法

C. 要素计点法　　D. 排序法

9. 具有固定薪酬比例低，浮动薪酬比例高这一特点的薪酬结构类型是（　　）。

A. 高风险薪酬结构　　B. 高弹性薪酬结构

C. 高稳定薪酬结构　　D. 调和型薪酬结构

10. 在企业的某一薪酬等级中，薪酬最高值为 5 500 元，最低值为 2 500 元，则该等级的薪酬区间中值为（　　）。

A. 2 000 元　　B. 2 500 元

C. 3 000 元　　D. 3 500 元

11. 企业通过直接控制人工成本总量，进行薪酬控制的方法是（　　）。

A. 增加销售额　　B. 提高生产效率

C. 增加产品附加值　　D. 薪酬冻结

12. 薪酬支付的原则是（　　）。

A. 不及时性原则　　B. 可滞后原则

C. 现金原则　　D. 不足额原则

13. 按照员工为企业服务期的长短而支付报酬的工资形式是（　　）。

A. 年功工资　　B. 资历工资

C. 计时工资　　D. 计件工资

14. 岗位等级工资制的核心原则是（　　）。

A. 对岗不对人　　B. 对人不对岗

C. 不对岗又不对人　　D. 对岗又对人

15. 对员工超过定额劳动量支付的报酬称为（　　）。

A. 业绩提成　　B. 计件奖励制

C. 成功分享计划　　D. 奖金计划

16. 长期绩效激励制度的衡量周期是（　　）。

A. 一年以上　　B. 两年以上

C. 三年以上　　D. 四年以上

17. 按照员工对于福利项目是否具有可选择权，员工福利分为固定性福利和（　　）。

A. 自愿性福利　　B. 弹性福利

C. 特种福利　　D. 特困补助

18. 影响员工福利的企业内部因素是（　　）。

A. 国家法律法规　　B. 劳动力市场

C. 员工个人因素　　D. 社会物价水平

19. 下列属于社会保险的是（　　）。

A. 养老保险　　B. 商业保险

C. 住房补贴　　D. 交通补贴

20. 对社会保险而言，下列说法正确的是（　　）。

A. 社会保险具有非强制性

B. 社会保险以营利为目的

C. 社会保险是一项收入补偿制度

D. 社会保险不具有互助互济的性质

第二部分　非选择题

二、名词解释题（本大题共 5 小题，每小题 2 分，共 10 分。）

21. 薪酬管理

22. 跟随型薪酬策略

23. 排序法

24. 薪酬变动比率

25. 薪酬预算

三、判断改错题（本大题共5小题，每小题4分，共20分。判断下列各题划线处的正误，在“答题卡”的试题序号后，正确的划上“√”，错误的划上“×”，并改正错误。）

26. 其他条件不变，企业效益越好，支付薪酬的能力越<u>低</u>。 （ ）

27. 根据<u>公平理论</u>，员工的激励水平由期望概率和效价决定。 （ ）

28. 薪酬分配的基础是<u>职位评价</u>。 （ ）

29. 薪酬构成中，为员工提供基本生活保障的是<u>可变薪酬</u>。 （ ）

30. 企业员工的绩效薪酬根据<u>工作成果</u>支付。 （ ）

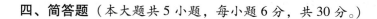

四、简答题（本大题共 5 小题，每小题 6 分，共 30 分。）

31. 简述薪酬在员工方面的功能。

32. 简述薪酬满意度调查的设计。

33. 简述宽带薪酬的不足之处。

34. 简述基本薪酬的特点。

35. 简述团队绩效薪酬的表现形式。

五、论述题（本大题共2小题，每小题10分，共20分。）

36. 试述未来薪酬的发展趋势。

37. 试述人工成本管理的程序。

四川省高等教育自学考试
薪酬管理模拟试卷（七）
参考答案

（课程代码　06091）

一、单项选择题（本大题共20小题，每小题1分，共20分。）

1. A	2. A	3. C	4. B	5. A	6. B	7. B
8. D	9. B	10. C	11. D	12. C	13. A	14. A
15. D	16. A	17. B	18. C	19. A	20. C	

二、名词解释题（本大题共5小题，每小题2分，共10分。）

21. 答：薪酬管理是指企业在薪酬方面进行的微观管理，是企业在国家宏观的薪酬政策允许范围之内，在企业自身的经营战略和发展规划的指导下，综合考虑内、外部各种因素的影响，确定自身的薪酬水平、薪酬结构、薪酬体系、薪酬关系和薪酬形式的基本内容，并进行薪酬的预算、调整和控制的整个过程。

22. 答：跟随型薪酬策略是根据市场的平均水平来确定本企业的薪酬定位。

23. 答：排序法是指根据各种工作的相对价值大小或对组织贡献的大小而由高到低对其进行排列的一种职位评价方法。

24. 答：薪酬变动比率是指同一薪酬等级内部最高值与最低值之差与最低值之间的比率。

25. 答：薪酬预算是指薪酬管理过程中各项人力费用支出权衡取舍的一个计划，它规定了在预算期内企业可以用于支付薪酬费用的资金。

三、判断改错题（本大题共 5 小题，每小题 4 分，共 20 分。）

26. ×

将“低”改为“高”。

27. ×

将“公平理论”改为“期望理论”。

28. √

29. ×

将“可变薪酬”改为“基本薪酬”。

30. √

四、简答题（本大题共 5 小题，每小题 6 分，共 30 分。）

31. 答：其功能有补偿功能、保障功能、激励功能。

32. 答：

其设计有：

（1）确定如何进行薪酬满意度调查；

（2）确定调查任务；

（3）制定调查方案；

（4）实施调查及收集调查资料；

（5）处理调查结果；

（6）分析调查信息；

（7）对措施的实施进行跟踪调查。

33. 答：

其不足之处有：

（1）对绩效考核水平的要求更高；

（2）加大了员工晋升难度；

（3）宽带薪酬适用范围有限；

（4）薪酬预测和人工成本控制的难度加大。

34. 答：其特点有常规性、导向性、基准性、稳定性、综合性。

35. 答：

其表现形式有：

（1）利润分享计划；

（2）收益分享计划；

（3）成功分享计划；

（4）班组奖励计划。

五、论述题（本大题共2小题，每小题10分，共20分。）

36. 答：

其发展趋势如下：

（1）薪酬信息日益得到重视；

（2）薪酬与绩效挂钩；

（3）全面薪酬制度；

（4）重视薪酬与团队的关系；

（5）薪酬制度的透明化；

（6）有弹性、可选择的福利制度；

（7）数字、信息化管理。

37. 答：

其程序有：

（1）树立人本成本管理观念：①人工成本与控制是涉及企业所有部门的系统工作；②人工成本管理不等于降低人工成本；③人工成本的高低不完全取决于员工收入水平的高低；④人工成本是企业为了追求更长远的利润而对人力资源的一项投资。

（2）编制人工成本总额计划：①确定人工成本总额；②人工成本总额的分配。

四川省高等教育自学考试
薪酬管理模拟试卷（八）

（课程代码　06091）

第一部分　选择题

一、单项选择题（本大题共20小题，每小题1分，共20分。在每小题列出的备选项中只有一项是最符合题目要求的，请将其选出。）

1. 下列属于间接薪酬的是（　　）。

A. 奖金　　B. 津贴

C. 保险　　D. 分红

2. 企业管理者关注员工心理需求，并发展员工内在薪酬，符合这一特点的薪酬管理时期是（　　）。

A. 专制时期　　B. 温情主义时期

C. 科学管理时期　　D. 行为科学时期

3. 提出强化理论的学者是（　　）。

A. 赫兹伯格　　B. 斯金纳

C. 马斯洛　　D. 舒尔茨

4. 薪酬应保障员工收入能够弥补劳动力再生产费用，这体现薪酬管理的（　　）。

A. 公平性原则　　B. 经济性原则

C. 激励性原则　　D. 补偿性原则

5.《中华人民共和国劳动法》规定，用人单位依法安排劳动者在法定休假日工作的，支付工资不低于劳动合同规定的劳动者本人小时工资标准的（　　）。

A. 100%　　B. 150%

C. 200%　　D. 300%

6. 薪酬满意度调查的目的是（　　）。

A. 了解员工薪酬期望　　B. 进行企业改革

C. 获得竞争优势　　D. 优化企业文化

7. 职位评价的条件要素是（　　）。

A. 职位　　B. 职位人

C. 职责和职权　　D. 环境

8. 下列属于量化职位评价方法的是（　　）。

A. 分类法　　B. 交错排序法

C. 比较排序法　　D. 要素比较法

9. 具有固定薪酬比例高，浮动薪酬比例低这一特点的薪酬结构类型是（　　）。

A. 高风险薪酬结构　　B. 高弹性薪酬结构

C. 高稳定薪酬结构　　D. 调和型薪酬结构

10. 假设企业某薪酬等级中，薪酬最高值是 8 000 元，最低值为 5 000 元，则该等级的薪酬变动比率为（　　）。

A. 40%　　B. 50%

C. 60%　　D. 70%

11. 企业直接从改善生产经营方面，进行薪酬控制的方法是（　　）。

A. 增加销售额　　B. 裁减富余人员

C. 延长工作时间　　D. 薪酬冻结

12. 反映企业人工成本总量水平的指标是（　　）。

A. 人工成本结构　　B. 人工成本总量

C. 劳动分配率　　D. 人事费用率

13. 与终身雇佣制联系紧密的工资形式是（　　）。

A. 年功工资　　B. 资历工资

C. 计时工资　　D. 计件工资

14. 一个岗位等级设置几个档次的工资标准称为（　　）。

A. 一岗一薪制　　B. 一岗数薪制

C. 数岗数薪制　　D. 复合岗薪制

15. 下列属于团队绩效薪酬的是（　　）。

A. 利润分享计划　　B. 计件奖励制

C. 奖金计划　　D. 业绩提薪

16. 长期绩效激励制度的衡量周期是（　　）。

A. 一年以上　　B. 两年以上

C. 三年以上　　D. 四年以上

17. 以福利的实施主体为依据，员工福利分为社会福利和（　　）。

A. 自愿性福利　　B. 弹性福利

C. 企业福利　　D. 特困补助

18. 影响员工福利的企业内部因素是（　　）。

A. 社会物价水平　　B. 劳动力市场

C. 整个行业福利状况　　D. 企业的经济效益

19. 下列属于企业福利的是（　　）。

A. 养老保险　　B. 医疗保险

C. 住房补贴　　D. 法定休假

20. 对员工福利而言，下列说法正确的是（　　）。

A. 社会保险以营利为目的

B. 商业保险以营利为目的

C. 法定福利不包括各类休假制度

D. 社会保险不具有互助互济的性质

第二部分　非选择题

二、名词解释题（本大题共 5 小题，每小题 2 分，共 10 分。）

21. 可变薪酬

22. 滞后型薪酬策略

23. 职位分析

24. 薪酬变动范围

25. 人工成本

三、判断改错题（本大题共 5 小题，每小题 4 分，共 20 分。判断下列各题划线处的正误，在“答题卡”的试题序号后，正确的划上“√”，错误的划上“×”，并改正错误。）

26. 其他条件不变，劳动力供大于求时，企业通过提高薪酬以满足企业生产经营对劳动力的需求。（　　）

27. 根据期望理论，员工劳动积极性不仅受绝对报酬的影响，而且受相对报酬的影响。（　　）

28. 建立合理薪酬的依据是职位评价。（　　）

29. 薪酬由基本薪酬、可变薪酬和奖励薪酬三个部分构成。（　　）

30. 绩效薪酬的目的是激励员工工作绩效的提高。（　　）

四、简答题（本大题共 5 小题，每小题 6 分，共 30 分。）

31. 简述薪酬在社会方面的功能。

32. 简述影响薪酬水平的外部因素。

33. 简述薪酬结构设计的步骤。

34. 简述津贴与补贴的区别。

35. 简述团队绩效薪酬的缺点。

五、论述题（本大题共 2 小题，每小题 10 分，共 20 分。）

36. 试述薪酬市场调查的工作程序。

37. 试述“自助餐式”福利制度的设计流程。

四川省高等教育自学考试
薪酬管理模拟试卷（八）
参考答案

（课程代码　06091）

一、单项选择题（本大题共20小题，每小题1分，共20分。）

1. C	2. D	3. B	4. D	5. D	6. A	7. D
8. D	9. C	10. C	11. A	12. B	13. A	14. B
15. A	16. A	17. C	18. D	19. C	20. B	

二、名词解释题（本大题共5小题，每小题2分，共10分。）

21. 答：可变薪酬是指对员工超额劳动部分或劳动绩效突出部分所支付的奖励性报酬。

22. 答：滞后型薪酬策略是指企业大多数职位的薪酬水平低于市场平均水平。

23. 答：职位分析是指通过一系列的程序和方法，找出某个职位的工作性质、任务、责任及完成该项工作所需的技能和知识的过程。

24. 答：薪酬变动范围是指在同一个薪酬等级中，薪酬最高值和最低值之间的差距。

25. 答：人工成本是指企业在生产经营和提供劳务过程中依等价或不等价关系，以直接支付或间接支付方式投资和分配于劳动者的全部费用。

三、判断改错题（本大题共 5 小题，每小题 4 分，共 20 分。）

26. ×

将“提高”改为“降低”。

27. ×

将“期望理论”改为“公平理论”。

28. √

29. ×

将“奖励薪酬”改为“间接薪酬”。

30. √

四、简答题（本大题共 5 小题，每小题 6 分，共 30 分。）

31. 答：

薪酬在社会方面的功能有：

（1）对社会劳动力资源的配置；

（2）对国民经济的影响；

（3）统计与监督职能。

32. 答：

影响薪酬水平的外部因素有：劳动力市场、产品市场对薪酬水平的影响、地区居民生活水平、竞争对手的薪酬水平、政府与工会的作用和地区差异。

33. 答：

其设计步骤如下：

（1）制定薪酬原则与策略；

（2）职位分析宇职位评价；

（3）薪酬调查；

（4）薪酬结构设计；

（5）薪酬结构的修正和调整。

34. 答：

津贴与补贴的区别如下：

（1）津贴为特殊劳动付出而提供的劳动补偿性报酬，支付对象仅与工作性质有关；

（2）补贴多是因为受企业外部环境因素影响，或者企业经营管理方式变化员工导致员工收入损失而提供的一种补偿，发放范围为全体员工。

35. 答：

团队绩效薪酬的缺点：

（1）“搭便车”或“社会懒惰行为”是团队激励中面对的重大潜在问题；

（2）团队绩效薪酬制度可能会引起团队间的竞争；

（3）团队绩效薪酬制度可能增加内部冲突；

（4）并非组织中的所有成员都可以放到团队中；

（5）要设计对所有团队都公平的目标比较困难。

五、论述题（本大题共 2 小题，每小题 10 分，共 20 分。）

36. 答：

其工作程序如下：

（1）根据需要审视现有的薪酬调查数据，确定调查的必要性及实施方式；

（2）选择准备调查的职位及其层次；

（3）确定劳动力市场范围，明确作为调查对象的目标企业及其数量；

（4）选择所要搜集的相关资料；

（5）设计薪酬调查问卷并实施调查；

（6）调查数据的处理和分析。

37. 答：

其设计流程如下：

（1）系统清点企业目前所拥有的所有法定的和自行设计福利项目；

（2）查明自行设立的福利项目及这些福利是否与企业文化、企业宗旨、生产经营目的相冲突；

（3）对向员工个人和员工整体按规定提供和自行设立的福利项目进行精确的年度预算；

（4）定期开展企业内部的福利调查；

（5）定期将本企业的福利政策与工会和其他行业协会政策及人力资源市场上存在竞争关系的公司政策进行比较；

（6）根据内外部报酬福利调查结果，并结合企业实际情况对福利计划进行调整、改进和完善；

（7）为保证福利政策和实践的统一，必须将其整体计划编写到员工手册。

四川省高等教育自学考试
薪酬管理模拟试卷（九）

（课程代码　06091）

第一部分　选择题

一、单项选择题（本大题共20小题，每小题1分，共20分。在每小题列出的备选项中只有一项是最符合题目要求的，请将其选出。）

1. 以下属于外在薪酬的是（　　）。

A. 较多职权　　B. 股票期权

C. 参与决策权利　　D. 个人发展机会

2. 弗洛姆的期望理论认为，员工的激励水平由什么和效价决定？（　　）

A. 经验水平　　B. 动机强度

C. 期望值　　D. 期望概率

3. 我国标准工作时间为每日（　　）。

A. 6小时　　B. 7小时

C. 8小时　　D. 9小时

4. 其他条件不变，劳动力市场供大于求，企业会采用何种方式来赚取更多的利润？（　　）

A. 降低薪酬　　B. 提高薪酬

C. 薪酬不变　　D. 冻结薪酬

5. 企业薪酬满意度调查的目的在于（　　）。

A. 了解企业员工的薪酬水平　　B. 诊断企业潜在的问题

C. 总结企业的薪酬优势　　D. 评估企业产品定位

6. 薪酬分配的基础是（　　）。

A. 职位调整　　B. 职位分析

C. 职位设计　　D. 职位评价

7. 根据职位的相对价值大小由高到低对其进行排序的职位评价方法是（　　）。

A. 分类法　　B. 排序法

C. 要素计点法　　D. 要素分配法

8. 下列职位中，薪酬变动比率最大的是（　　）。

A. 生产工人　　B. 技术工人

C. 专家助理　　D. 高级专家

9. 企业薪酬横向结构设计需要考虑的因素是（　　）。

A. 薪酬等级的数量

B. 薪酬类别间组合方式及比例

C. 同一薪酬等级内部的薪酬变动范围

D. 相邻两个薪酬等级间的交叉与重叠关系

10. 假定某薪酬等级中，中位值是 3 100 元，薪酬变动比率是 50%，则顶薪点是（　　）。

A. 3 575 元　　B. 3 675 元

C. 3 775 元　　D. 3 875 元

11. 企业通过提高生产效率来进行薪酬控制的方法是（　　）。

A. 提高获得奖金的难度　　B. 增加产品附加值

C. 增加销售值　　D. 控制活劳动的投入量

12. 反映人工成本占销售收入比重的指标是（　　）。

A. 劳动分配率　　B. 人工成本利润率

C. 人事费用率　　D. 薪酬费用比率

13. 企业人工成本包含（　　）。

A. 员工劳动报酬　　B. 物资折旧费

C. 生产设备费　　D. 原材料购买费

14. 员工完成岗位固定时间的定额劳动，就可以获得的薪酬是（　　）。

A. 基本薪酬　　B. 可变薪酬

C. 奖金　　D. 福利

15. 年功工资的基本特点表现为员工的企业工龄越短，工资越（　　）。

A. 高　　B. 低

C. 不变　　D. 高或低

16. 构成西方国家利润分享制度的是递延式利润分享和（　　）。

A. 收益式利润分享　　B. 成功式利润分享

C. 现金式利润分享　　D. 班组奖励计划

17. 关于绩效薪酬说法正确的是（　　）。

A. 计时工资制属于绩效薪酬形式

B. 计件工资制属于绩效薪酬形式

C. 绩效薪酬用于维持员工基本的生活

D. 绩效薪酬的变化幅度大

18. 自愿性福利包括（　　）。

A. 商业保险　　B. 养老保险

C. 医疗保险　　D. 生育保险

19. 其他条件不变，当社会的物价水平下降时，企业的福利水平应当（　　）。

A. 降低　　B. 提高

C. 不变　　D. 时而降低时而提高

20. 在我国的社会保障体系中，以全体居民为保障对象的是（　　）。

A. 社会保险　　B. 社会救济

C. 社会福利　　D. 社会优抚

第二部分　非选择题

二、名词解释题（本大题共 5 小题，每小题 2 分，共 10 分。）

21. 非货币性薪酬

22. 跟随型薪酬策略

23. 薪酬变动范围

24. 人工成本

25. 企业福利

三、判断改错题（本大题共 5 小题，每小题 4 分，共 20 分。判断下列各题划线处的正误，在题后的括号内，正确的划上“√”，错误的划上“×”，并改正错误。）

26. 组织的薪酬水平高，则在吸引人才方面比其他组织更具有优势，这体现了薪酬管理的竞争性原则。（　　）

27. 企业的薪酬结构设计应当尽量简单、准确和量化。（　　）

28. “自下而上”薪酬预算法类似于“宏观接近法”，是从企业总体角度出发进行薪酬预算。（　　）

29. 受企业外部环境因素影响，或者企业经营管理方式变化导致员工收入损失，而对全体员工提供的补偿，称为工作津贴。（　　）

30. 计件奖励制、业绩提薪、奖金计划、月/季浮动薪酬和利润分享计划属于个人绩效薪酬形式。（　　）

四、简答题（本大题共 5 小题，每小题 6 分，共 30 分。）

31. 简述影响薪酬管理的外部因素。

32. 简述薪酬管理的发展趋势。

33. 简述基本薪酬的特点。

34. 简述团队绩效薪酬制度的缺点。

35. 简述“自助餐式”福利制度的内涵。

五、论述题（本大题共 2 小题，每小题 10 分，共 20 分。）

36. 企业如何进行薪酬满意度调查设计?

37. 试述要素计点法的优缺点。

四川省高等教育自学考试
薪酬管理模拟试卷（九）
参考答案

（课程代码　06091）

一、单项选择题（本大题共 20 小题，每小题 1 分，共 20 分。）

1. B	2. D	3. C	4. A	5. B	6. D	7. B
8. D	9. B	10. D	11. D	12. C	13. A	14. A
15. B	16. C	17. D	18. A	19. A	20. A	

二、名词解释题（本大题共 5 小题，每小题 2 分，共 10 分。）

21. 答：非货币性薪酬是指不以货币为支付形式，包括为员工提供的福利、公司举办的旅游、文体娱乐等。

22. 答：跟随型薪酬策略是指根据市场的平均水平来确定本企业的薪酬定位。

23. 答：薪酬变动范围是指在同一个薪酬等级中，薪酬最高值和最低值之间的差距，也称为薪酬区间。

24. 答：人工成本是指企业在生产经营和提供劳务过程中依等价或不等价关系，以直接支付或间接支付方式投资和分配于劳动者的全部费用。

25. 答：企业福利是指为满足职工的生活和工作需要，在工资收入之外，企业自主地向雇员本人及其家属提供的一系列福利项目。

三、判断改错题（本大题共 5 小题，每小题 4 分，共 20 分。）

26. √

27. √

28. ×

将“自下而上”改为“自上而下”。

29. ×

将“津贴”改为“补贴”。

30. ×

将改“利润分享计划”改为“经营者年薪制”。

四、简答题（本大题共5小题，每小题6分，共30分。）

31. 答：外部因素有经济环境；政治环境；社会环境；国家法律法规。

32. 答：其发展趋势为薪酬信息日益得到重视；薪酬与绩效挂钩；全面薪酬制度；重视薪酬与团队的关系；薪酬制度的透明化；有弹性、可选择的福利制度；数字化、信息化管理。

33. 答：其特点有常规性、导向性、基准性、稳定性和综合性。

34. 答：

其缺点如下：

（1）“搭便车”或“社会懒惰行为”是团队激励中面对的重大潜在问题；

（2）团队绩效薪酬制度可能会引起团队内的竞争；

（3）团队绩效薪酬制度可能增加内部冲突；

（4）并非组织中的所有成员都可以放到团队中；

（5）要设计对所有团队都公平的目标比较困难。

35. 答：其内涵是指组织提供一份福利菜单，福利菜单的内容由每一位员工选择，在一定的金额限制内，员工依照自己的需求和偏好可自由选择、组合，其中包含现金及指定福利在内的两项或两项以上的福利项目。

五、论述题（本大题共2小题，每小题10分，共20分。）

36. 答：

（1）确定如何进行薪酬满意度调查；

（2）确定调查任务；

（3）制订调查方案；

（4）实施调查及收集调查资料；

（5）处理调查结果；

（6）分析调查信息；

（7）对措施的实施进行跟踪调查。

37. 答：

（1）优点：①科学性、客观性及由此带来的相对公平性；②使用方便；③广泛的实用性，适合任何职位，容易被人理解和接受；④提高了评定的准确性。

（2）缺点：设计十分困难，专业性很强、工作量大、较为费时费力，定义和权衡要素的技术要求很高，需要选择一些对工作和职位熟悉的专家，采取背靠背的方式打分，然后将分数汇总后选择一个平均值。因此，在选定评价项目以及给定权数时带有一定的主观性。

四川省高等教育自学考试
薪酬管理模拟试卷（十）

（课程代码　06091）

第一部分　选择题

一、单项选择题（本大题共20小题，每小题1分，共20分。在每小题列出的备选项中只有一项是最符合题目要求的，请将其选出。）

1. 以下属于内在薪酬的是（　　）。

A. 薪水　　B. 福利

C. 股票期权　　D. 较多职权

2. 提出双因素理论的学者是（　　）。

A. 赫兹伯格　　B. 斯金纳

C. 马斯洛　　D. 马歇尔

3. 《中华人民共和国劳动法》规定：用人单位应当保证劳动者每周至少休息（　　）。

A. 一日　　B. 两日

C. 三日　　D. 四日

4. 其他条件不变，劳动力市场供小于求，企业可采用何种方式满足对劳动力数量和质量的需求？（　　）

A. 降低薪酬　　B. 提高薪酬

C. 薪酬不变　　D. 冻结薪酬

5. 薪酬满意度是员工获得组织报酬的实际感受与什么的比较程度？（　　）

A. 付出值　　B. 期望值

C. 经验值　　D. 动机值

6. 职位评价的对象是（　　）。

A. 工作　　B. 人员

C. 组织　　D. 职位

7. 海氏评价的薪酬因素包括：技能技巧、解决问题和（　　）。

A. 专业知识　　B. 管理决策

C. 人际关系　　D. 承担责任

8. 营销型职位选择的薪酬结构类型是（　　）。

A. 高弹性型　　B. 高稳定型

C. 调和型　　D. 调整型

9. 企业进行薪酬纵向结构设计需要考虑（　　）。

A. 薪酬等级的数量　　B. 薪酬类别间组合方式及比例

C. 长期薪酬与短期薪酬间的比例　　D. 薪酬内部要素的组合及比例

10. 假定某一薪酬等级的最高值是 2 000 元，最低值是 1 000 元，则薪酬变动比率是（　　）。

A. 60%　　B. 80%

C. 100%　　D. 120%

11. 企业调整偏高的薪酬成本，可采用的薪酬控制方法是（　　）。

A. 减少销售额　　B. 降低生产效率

C. 降低人工成本　　D. 提高企业福利

12. 下列属于企业人工成本的是（　　）。

A. 原材料购买费　　B. 物资折旧费

C. 社会保险费　　D. 生产设备费

13. 反映企业人工成本总量水平的指标是（　　）。

A. 人工成本总量指标　　B. 人工成本结构指标

C. 比率型指标　　D. 比例型指标

14. 企业确定员工其他报酬形式的基础是（　　）。

A. 基本薪酬　　B. 可变薪酬

C. 奖金　　D. 福利

15. 根据员工劳动时间支付报酬的形式称为（　　）。

A. 计时工资　　B. 计件工资

C. 年功工资　　D. 资历工资

16. 西方国家利润分享制度分为现金式利润分享和（　　）。

A. 收益式利润分享　　B. 成功式利润分享

C. 递延式利润分享　　D. 班组奖励计划

17. 关于绩效薪酬说法正确的是（　　）。

A. 绩效薪酬促使员工不断提高技能和工作经验

B. 计件工资制属于绩效薪酬形式

C. 绩效薪酬用于维持员工基本的生活

D. 绩效薪酬过于强调团队的绩效

18. 法定福利包括（　　）。

A. 商业保险　　B. 社会保险

C. 员工咨询计划　　D. 培训福利计划

19. 其他条件不变，当社会的物价水平上涨时，企业的福利水平应当（　　）。

A. 降低　　B. 提高

C. 不变　　D. 时而降低时而提高

20. 在我国的社会保障体系中，以全体居民为保障对象的是（　　）。

A. 社会保险　　B. 社会救济

C. 企业福利　　D. 社会优抚

第二部分　非选择题

二、名词解释题（本大题共 5 小题，每小题 2 分，共 10 分。）

21. 货币性薪酬

22. 领先型薪酬策略

23. 薪酬结构

24. 基本薪酬

25. 员工福利

三、判断改错题（本大题共5小题，每小题4分，共20分。判断下列各题划线处的正误，在题后的括号内，正确的划上“√”，错误的划上“×”，并改正错误。）

26. 薪酬制度必须符合政府的法律、法规、政策、制度，这体现了薪酬管理的竞争性原则。（　　）

27. 企业要吸引和留住员工，既要保证薪酬制度的内在公平性，又要保证薪酬制度的外部竞争性。（　　）

28. 在对下一年度企业的计划活动进行评估后，以企业过去的业绩和以往年度的薪酬预算作为预算的根据，按照企业下一年总体业绩目标，确定出企业该年度的薪酬预算，这称为“自上而下”薪酬预算法。（　　）

29. 按照员工为企业服务期长短而支付的工资是资历工资。（　　）

30. 个人绩效薪酬的典型形式有计件奖励制、业绩提薪、奖金计划和经营者年薪制等。（　　）

四、简答题（本大题共 5 小题，每小题 6 分，共 30 分。）

31. 简述薪酬管理的基本内容。

32. 简述马斯洛需要层次理论的内容。

33. 简述工资支付的原则。

34. 简述绩效薪酬的特点。

35. 简述员工福利成本的控制方法。

五、论述题（本大题共 2 小题，每小题 10 分，共 20 分。）

36. 试述薪酬市场调查的内容。

37. 试述企业使用要素计点法的步骤。

四川省高等教育自学考试
薪酬管理模拟试卷（十）
参考答案

（课程代码　06091）

一、单项选择题（本大题共20小题，每小题1分，共20分。）

1. D	2. A	3. A	4. B	5. B	6. D	7. D
8. A	9. A	10. C	11. C	12. C	13. A	14. A
15. A	16. C	17. A	18. B	19. B	20. A	

二、名词解释题（本大题共5小题，每小题2分，共10分。）

21. 答：货币性薪酬是对员工所支付的报酬以货币为支付形式。

22. 答：领先型薪酬策略是指支付高于市场平均薪酬水平的策略。

23. 答：薪酬结构是指薪酬的各个组成部分及其各部分在薪酬总额中所占的比重，薪酬结构的设计一般都是薪酬内部一致性和外部竞争性平衡的结果。

24. 答：基本薪酬是指组织在全面考虑员工年龄、技能、学历和平均生活费用的基础上，以员工的劳动程度、劳动强度、岗位及责任大小为基准，按照员工实际完成的劳动定额、工作时间或劳动消耗而支付的稳定性劳动报酬。

25. 答：员工福利是指在相对稳定的货币工资以外，企业根据国家法令，为达到激励员工工作积极性、增强员工对企业的忠诚感和改善员工及其家庭生活水平等目的，依托企业自身的能力而支付的辅助性货币、实物或服务。

三、判断改错题（本大题共5小题，每小题4分，共20分。）

26. ×

将“竞争性原则”改为“合法性原则”。

27. √

28. √

29. ×

将“资历工资”改为“年功工资”。

30. √

四、简答题（本大题共5小题，每小题6分，共30分。）

31. 答：其基本内容为薪酬水平、薪酬结构、薪酬体系、薪酬关系、薪酬形式和薪酬政策和薪酬制度。

32. 答：其内容有生理的需要、安全的需要、感情与归属的需要、尊重的需要和自我实现的需要。

33. 答：其原则有货币支付的原则、直接支付的原则、定期支付的原则、定地支付的原则、全额支付的原则和优先和紧急支付的原则。

34. 答：

其特点如下：

（1）绩效薪酬的目的是激励工作绩效的提高；

（2）绩效薪酬是根据工作的成果进行支付的；

（3）绩效薪酬的变化幅度较大，受到的制约因素比较少；

（4）支付时间可以根据需要安排；

（5）绩效薪酬受主观因素的影响比较大。

35. 答：

其控制方法如下：

（1）在计划的设计过程中，向员工引入费用分担制；

（2）将一些传统的福利项目进行变通，并与其他项目进行结合以降低成本；

（3）在福利计划的管理上进行“分开处理”的原则；

（4）开发一些福利项目或重新设计福利计划。

五、论述题（本大题共2小题，每小题10分，共20分。）

36. 答：

其内容有：

（1）组织与工作信息：①组织信息；②工作信息。

（2）全面薪酬体系信息：①基本薪酬信息；②可变薪酬信息；③福利薪酬信息。

（3）薪酬战略信息：①目标组织的薪酬战略目标是要控制成本还是激励或吸引员工；②目标组织的薪酬策略类型，是侧重薪酬水平策略，还是薪酬组合策略、薪酬结构策略或薪酬管理策略等；③目标组织的其他管理政策，包括轮班、加班、试用期、毕业生的起薪等。

（4）薪酬体系的其他信息：①薪酬要素组合；②薪酬管理方式；③薪酬等级结构。

37. 答：

企业使用要素计点法的步骤如下：

（1）首先确定职位评价的主要影响因素：①职位的复杂难易程度；②职位的责任；③劳动强度与环境条件；④职位作业紧张、困难程度。

（2）根据职位的性质和特征，确定各类职位评价的具体项目：①各生产性职位的评价项目；②管理职位的评价项目。

（3）职位要素分类。

（4）职位因素分级与点数配置。

（5）职位定义及分级。

（6）职位等级与点数配置。

（7）工资市场调查及市场工资率。

四川省高等教育自学考试
薪酬管理模拟试卷（十一）

（课程代码　06091）

第一部分　选择题

一、单项选择题（本大题共20小题，每小题1分，共20分。在每小题列出的备选项中只有一项是最符合题目要求的，请将其选出。）

1. 本质反映企业对员工所作贡献进行回报的是（　　）。

A. 人才　　B. 土地

C. 设备　　D. 薪酬

2. 企业支付员工足够薪酬以维持其家庭基本生活，这体现薪酬的（　　）。

A. 补偿功能　　B. 保障功能

C. 激励功能　　D. 社会信号功能

3. 泰勒提出的计件工资发生在薪酬管理（　　）。

A. 专制时期　　B. "温情主义"时期

C. 科学管理时期　　D. 行为科学时期

4. 弗洛姆期望理论认为，影响个体激励水平的因素是期望概率和（　　）。

A. 绩效　　B. 行为

C. 效价　　D. 薪酬

5.《中华人民共和国劳动法》规定，用人单位由于生产经营需要延长劳动时间，一般每日不得超过（　　）。

A. 1小时　　B. 2小时

C. 3小时　　D. 4小时

6. 在其他因素类似的情况下，大企业所支付的薪酬水平往往要比中小企业（　　）。

A. 高　　B. 低

C. 不变　　D. 无法确定

7. 用来表示员工获得企业经济性报酬和非经济性报酬的实际感受与其期望值比较程度的概念是（　　）。

A. 薪酬水平　　B. 薪酬设计

C. 薪酬调查　　D. 薪酬满意度

8. 为了衡量企业不同职位间的相对价值，企业可进行（　　）。

A. 薪酬定位　　B. 薪酬设计

C. 职位评价　　D. 职位设计

9. 组织中一组职责相似的职位集合被称作（　　）。

A. 工作　　B. 职位

C. 职类　　D. 职责

10. 采取成本领先策略的企业通常选择的薪酬模式是（　　）。

A. 职位薪酬模式　　B. 能力薪酬模式

C. 知识薪酬模式　　D. 年功薪酬模式

11. 在以下类别人员中，基本薪酬占总薪酬比例最高的是（　　）。

A. 基层人员　　B. 专业技术人员

C. 中层管理人员　　D. 高级管理人员

12. 企业进行横向薪酬结构调整的方式有（　　）。

A. 增加员工薪酬等级

B. 增加同一薪酬等级的薪酬变动范围

C. 减少相邻薪酬等级之间的交叉范围

D. 重新配置固定薪酬与浮动薪酬之间的比例

13. 将人工成本与经济效益联系起来的指标是（　　）。

A. 人工成本总量　　B. 人均人工成本

C. 人工成本结构　　D. 劳动分配率

14. 为补偿特殊工作条件给员工造成损失而支付的报酬是（　　）。

A. 补贴　　B. 福利

C. 工作津贴　　D. 协议工资

15. 职位薪酬模式的评价对象是（　　）。

A. 技能　　B. 知识

C. 资历　　D. 职位

16. 短期可变薪酬计划包括（　　）。

A. 计时工资　　B. 报酬性期权计划

C. 股票期权计划　　D. 福利性期权计划

17. 具有较强激励作用的薪酬是（　　）。

A. 基本薪酬　　B. 可变薪酬

C. 企业年金　　D. 养老保险

18. 社会保险要求全体社会成员都必须参加，这体现了其（　　）。

A. 强制性　　B. 保障性

C. 公益性　　D. 互济性

19. 企业性福利包括（　　）。

A. 养老保险　　B. 医疗保险

C. 生育保险　　D. 企业年金

20. 控制企业福利成本的方法有（　　）。

A. 增加企业员工人数

B. 提供丰富的福利项目

C. 福利费用全部由企业承担

D. 尽可能多地由企业员工承担一定的费用

第二部分　非选择题

二、名词解释题（本大题共 5 小题，每小题 2 分，共 10 分。）

21. 内在薪酬

22. 薪酬水平

23. 薪酬变动比率

24. 岗位薪点工资制

25. 员工福利

三、判断改错题（本大题共 5 小题，每小题 4 分，共 20 分。判断下列各题划线处的正误，在题后的括号内，正确的划上“√”，错误的划上“×”，并改正错误。）

26. 用人单位发放工资时，扣减员工工资，代缴其个人所得税是<u>违法行为</u>。（　　）

27. 根据市场的平均水平来确定本企业薪酬定位的薪酬策略是<u>领先型薪酬策略</u>。（　　）

28. 根据各种工作的相对价值大小或对组织贡献的大小而由高到低对其进行排列的职位评价方法是<u>分类法</u>。（　　）

29. 薪酬结构应当尽量简明、准确和<u>量化</u>，便于考核和调整。（　　）

30. 个人绩效薪酬的表现形式包括计件奖励制、业绩提薪、奖金计划和<u>经营者年薪制</u>等。 (　　)

四、简答题（本大题共5小题，每小题6分，共30分。）

31. 简述薪酬的构成要素。

32. 简述薪酬管理的基本原则。

33. 简述薪酬市场调查的功能。

34. 简述薪酬控制的方法。

35. 简述个人绩效薪酬的缺点。

五、论述题（本大题共2小题，每小题10分，共20分。）

36. 论述薪酬管理的实施过程。

37. 论述企业基本薪酬设计的流程。

四川省高等教育自学考试
薪酬管理模拟试卷（十一）
参考答案

（课程代码　06091）

一、单项选择题（本大题共20小题，每小题1分，共20分。）

1. D	2. B	3. C	4. C	5. A	6. A	7. D
8. C	9. A	10. A	11. A	12. D	13. D	14. C
15. D	16. A	17. B	18. A	19. D	20. D	

二、名词解释题（本大题共5小题，每小题2分，共10分。）

21. 答：内在薪酬是指由于自己努力工作而受到晋升、表扬或受到重视等，从而产生的工作的荣誉感、成就感、责任感等各种心理满足和心理收益。

22. 答：薪酬水平是指企业中各职位、各部门及整个企业的平均薪酬水平。

23. 答：薪酬变动比率是指同一薪酬等级内部最高值与最低值之差与最低值之间的比率。

24. 答：岗位薪点工资制是以薪点形式表现的岗位工资，即采用要素分析法求出各岗位薪点以区别和测评劳动差别的薪酬制度。

25. 答：员工福利是指在相对稳定的货币工资以外，企业根据国家法令，为达到激发员工工作积极性、增强员工对于企业的忠诚感和改善员工及其家庭生活水平等目的，依托企业自身的能力而支付的辅助性货币、实物或服务。

三、判断改错题（本大题共5小题，每小题4分，共20分。）

26. ×

将“违法行为”改为“合法行为”。

27. ×

将“领先型薪酬”改为“跟随型薪酬策略”。

28. ×

将“分类法”改为“排序法”。

29. √

30. √

四、简答题（本大题共5小题，每小题6分，共30分。）

31. 答：其构成要素有基本薪酬、可变薪酬、间接薪酬。

32. 答：其基本原则为公平性原则、竞争性原则、合法性原则、激励性原则、补偿性原则、透明性原则和经济性原则。

33. 答：其功能有调整薪酬水平、优化薪酬结构、整合薪酬要素、了解薪酬趋势、促进薪酬审计和建立良好的公司形象。

34. 答：其方法有改善生产经营管理、提高生产效率、降低人工成本。

35. 答：

其缺点有：

（1）鼓励员工注重短期效益，损害企业长期利益；

（2）有损团队精神，员工间合作水平低，易引发不良竞争；

（3）“员工的努力与取得的绩效”二者间的关联度往往不高；

（4）操作存在复杂性，衡量单个员工所贡献的绩效要受到多个因素的影响。

五、论述题（本大题共2小题，每小题10分，共20分。）

36. 答：

其实施过程：

（1）前期准备阶段：①制定企业的薪酬原则和策略；②分析影响本企业薪酬管理的因素。

（2）实施阶段：①确立管理目标；②职位设计和分析；③职位评价；④薪酬

调查与薪酬定位；⑤薪酬结构设计；⑥薪酬制度的实施、控制和修正。

37. 答：

其流程如下：

（1）工作分析：①工作分析的主要内容；②工作分析的程序。

（2）职位评价。

（3）薪酬市场调查。

（4）确定基本薪酬结构。

四川省高等教育自学考试
薪酬管理模拟试卷（十二）

（课程代码　06091）

第一部分　选择题

一、单项选择题（本大题共20小题，每小题1分，共20分。在每小题列出的备选项中只有一项是最符合题目要求的，请将其选出。）

1. 影响薪酬的外部因素有（　　）。

A. 市场供求关系　　B. 职位要求

C. 企业支付能力　　D. 企业薪酬政策

2. 薪酬决定企业内部员工的流动意愿以及流动方向，这体现薪酬的（　　）。

A. 补偿功能　　B. 保障功能

C. 社会信号功能　　D. 人员配置功能

3. 最早通过提高员工外在薪酬，增加其福利设施等来缓解雇主与雇员矛盾的薪酬管理时期是（　　）。

A. 专制时期　　B. “温情主义”时期

C. 科学管理时期　　D. 行为科学时期

4. 提出员工劳动积极性不仅受绝对报酬影响，而且受相对报酬影响的理论是（　　）。

A. 期望理论　　B. 公平理论

C. 目标设置理论　　D. 需求层次理论

5.《中华人民共和国劳动法》规定，用人单位依法安排劳动者在法定标准工作时间以外延长工作时间的，支付工资按照不低于劳动合同规定其本人小时工资标准的（ ）。

A. 100%　　B. 150%

C. 200%　　D. 250%

6. 在其他因素类似的情况下，规模大、人均占有资本投资比例高的行业，其人均薪酬水平相较于其他行业（　　）。

A. 高　　B. 低

C. 不变　　D. 无法确定

7. 由各国政府的劳动部、统计局等部门进行的薪酬调查称为（　　）。

A. 政府薪酬调查　　B. 商业性薪酬调查

C. 正式薪酬调查　　D. 非正式薪酬调查

8. 对组织职位按其价值进行级别排列的操作是（　　）。

A. 薪酬定位　　B. 薪酬设计

C. 职位评价　　D. 职位设计

9. 海氏职位评价系统的薪酬因素包括技能技巧、解决问题和（　　）。

A. 技术知识　　B. 人际关系

C. 承担责任　　D. 思维环境

10. 扁平型组织通常所采用的薪酬模式是（　　）。

A. 职位薪酬模式　　B. 能力薪酬模式

C. 知识薪酬模式　　D. 年功薪酬模式

11. 在以下类别人员中，短期薪酬占总薪酬比例最高的是（　　）。

A. 基层人员　　B. 专业技术人员

C. 中层管理人员　　D. 高级管理人员

12. 企业进行员工薪酬调整的方式有（　　）。

A. 增加员工薪酬等级

B. 晋升员工职位等级

C. 调整不同等级的人员规模和薪酬比例

D. 重新配置固定薪酬与浮动薪酬之间的比例

13. 企业在一定时期内新创造的价值不变，劳动分配率越大，反映企业所支付的人工成本总额越（　　）。

A. 高　　B. 低

C. 不变　　D. 无法确定

14. 劳动者和企业双方通过直接谈判或协商确定工资支付，并以劳动合同等正式契约形式确定的工资称作（　）。

A. 补贴　　B. 福利

C. 工作津贴　　D. 协议工资

15. 职位薪酬模式的薪酬基础是（　）。

A. 职位价值　　B. 员工知识

C. 员工技能　　D. 员工价值

16. 团队绩效薪酬计划包括（　）。

A. 计时工资　　B. 计件工资

C. 业绩提薪　　D. 利润分享计划

17. 变化幅度比较大，受到的制约因素比较少的薪酬是（　）。

A. 基本薪酬　　B. 可变薪酬

C. 员工福利　　D. 工作机会

18. 社会保险的目标是保障被保险人的生活，这体现了其（　）。

A. 强制性　　B. 保障性

C. 公益性　　D. 互济性

19. 自愿性福利包括（　）。

A. 养老保险　　B. 医疗保险

C. 生育福利　　D. 员工持股

20. 给付方式多种多样的薪酬是（　）。

A. 直接薪酬　　B. 间接薪酬

C. 可变薪酬　　D. 基本薪酬

第二部分　非选择题

二、名词解释题（本大题共5小题，每小题2分，共10分。）

21. 货币性薪酬

22. 薪酬满意度

23. 薪酬等级

24. 职能等级工资制

25. 社会保险

三、判断改错题（本大题共5小题，每小题4分，共20分。判断下列各题划线处的正误，在题后的括号内，正确的划上“√”，错误的划上“×”，并改正错误。）

26. 雇主凡因种族、宗教、性别、肤色或原有国籍不同而拒绝雇用和解雇某人，均属违法行为。（　　）

27. 支付低于市场平均薪酬水平的薪酬策略是领先型薪酬策略。（　　）

28. 要素计点法是一种定性的职位评价方法。 （ ）

29. 薪酬结构设计要符合国家的法律、法规和政策规定。 （ ）

30. 绩效奖金是以一定比例的可变薪酬作为对员工绩效表现认可的薪酬制度。

（ ）

四、简答题（本大题共5小题，每小题6分，共30分。）

31. 简述影响薪酬管理的员工方面因素。

32. 简述劳动合同的法律特征。

33. 简述薪酬满意度调查的功能。

34. 简述薪酬支付的艺术。

35. 简述团队绩效薪酬的缺点。

五、论述题（本大题共 2 小题，每小题 10 分，共 20 分。）

36. 论述宽带薪酬的优缺点。

37. 论述影响员工福利的因素。

四川省高等教育自学考试
薪酬管理模拟试卷（十二）
参考答案

（课程代码　06091）

一、单项选择题（本大题共 20 小题，每小题 1 分，共 20 分。）

1. A	2. D	3. B	4. B	5. B	6. A	7. A
8. C	9. C	10. B	11. A	12. B	13. A	14. D
15. A	16. D	17. B	18. B	19. D	20. B	

二、名词解释题（本大题共 5 小题，每小题 2 分，共 10 分。）

21. 答：货币性薪酬是指对员工所支付的报酬以货币为支付形式，包括工资、奖金、津贴、分红等。

22. 答：薪酬满意度是员工获得企业经济性报酬和非经济性报酬的实际感受与其期望值比较的程度。

23. 答：薪酬等级是指同一组织中不同职位或技术等级的不同薪酬标准所能形成的梯次结构。

24. 答：职能等级工资制是按员工所具备的完成某一职位等级工作所要求的工作能力，确定工资等级的工资制度。

25. 答：社会保险是国家通过立法手段建立的，旨在保障劳动者在遭遇年老、疾病、伤残、失业、生育及死亡等风险和事故，暂时或永久性地失去劳动能力或劳动机会，从而在全部或部分丧失生活来源的情况下，能够享受国家或社会给予的物质帮助，维持其基本生活水平的社会保障制度。

三、判断改错题（本大题共5小题，每小题4分，共20分。）

26. √
27. ×
将“领先型薪酬策略”改为“滞后型薪酬策略”。
28. ×
将“定性”改为“定量”。
29. √
30. ×
将“可变薪酬”改为“基本薪酬”。

四、简答题（本大题共5小题，每小题6分，共30分。）

31. 答：其因素有员工自身的因素、员工所处的职位、员工的绩效表现。
32. 答：
其法律特征有：
（1）劳动合同的主体是特定的；
（2）劳动合同当事人双方法律地位平等，双方又具有身份上的隶属关系；
（3）约定试用期；
（4）在一定条件下，劳动合同往往涉及第三人的利益关系；
（5）劳动合同的目的在于劳动过程的实现，而不是劳动成果的给付；
（6）劳动合同的性质决定了劳动合同的内容以法定为多、为主，以商定为少、为辅。
33. 答：
其功能有：
（1）了解员工对薪酬的期望；
（2）诊断企业潜在的问题；
（3）找出本阶段出现的主要问题的原因；
（4）评估组织变化和企业政策对员工的影响；
（5）促进公司与员工之间的沟通和交流；
（6）增强企业凝聚力。
34. 答：其艺术有薪酬支付的差异化策略、薪酬支付的运时艺术和薪酬支付的环境艺术。

35. 答：

其缺点有：

（1）“搭便车”或“社会懒惰行为”是团队激励中面对的重大潜在问题；

（2）团队绩效薪酬制度可能会引起团队间的竞争；

（3）团队绩效薪酬制度可能增加内部冲突；

（4）并非组织中的所有成员都可以放到团队中；

（5）要设计对所有团队都公平的目标比较困难。

五、论述题（本大题共2小题，每小题10分，共20分。）

36. 答：

（1）优点：①支持扁平型组织结构；②有利于员工个人技能的增长、能力的提高及职业生涯的发展；③有利于职位的轮换；④有利于推动良好的工作绩效，提升组织的核心竞争优势；⑤有利于管理人员和人力资源专业人员工作重心的战略性调整实行宽带型薪酬结构设计；⑥有利于薪酬变动的市场化。

（2）缺点：①对绩效考核水平的要求更高；②加大了员工晋升难度；③宽带薪酬适用范围有限；④薪酬预测和人工成本控制的难度加大。

37. 答：

（1）企业外部因素：①国家的法律法规；②社会的物价水平；③劳动力市场的状况；④整个行业的福利状况；

（2）企业内部因素：①企业的发展阶段；②企业的经济效益；③员工个人的因素。

四川省高等教育自学考试
薪酬管理模拟试卷（十三）

（课程代码　06091）

第一部分　选择题

一、单项选择题（本大题共20小题，每小题1分，共20分。在每小题列出的备选项中只有一项是最符合题目要求的，请将其选出。）

1. 以下属于内在薪酬的是（　　）。

A. 奖金　　B. 福利

C. 股票期权　　D. 参与决策权利

2. 被称为“人力资本之父”的学者是（　　）。

A. 舒尔茨　　B. 斯金纳

C. 马斯洛　　D. 马歇尔

3. 根据《中华人民共和国劳动合同法》规定，试用期最长不超过（　　）。

A. 四个月　　B. 五个月

C. 六个月　　D. 七个月

4. 其他条件不变，企业所在地区生活水平提高，企业所支付员工的薪酬水平会（　　）。

A. 降低　　B. 提高

C. 不变　　D. 时而降低时而提高

5. 企业通过薪酬满意度调查，有助于（　　）。

A. 了解员工对薪酬的期望　　B. 了解企业员工的薪酬水平

C. 总结企业的薪酬优势　　D. 总结企业的薪酬劣势

6. 职位评价的基本要素是（　　）。

A. 工作　　B. 人员

C. 组织　　D. 职位

7. 对职位先归类，再分级别的职位评价方法是（　　）。

A. 分类法　　B. 排序法

C. 要素计点法　　D. 要素分配法

8. 下列职位中，薪酬变动比率最小的是（　　）。

A. 生产工人　　B. 中层管理人员

C. 专家助理　　D. 高级专家

9. 企业进行薪酬横向结构设计需要考虑（　　）。

A. 薪酬等级的数量

B. 同一薪酬等级内部的薪酬变动范围

C. 各类别薪酬内部要素的组合及比例

D. 相邻两个薪酬等级间的交叉与重叠关系

10. 假定某薪酬等级中，中位值是 3 100，薪酬变动比率是 50%，则起薪点是（　　）。

A. 2 380　　B. 2 480

C. 2 580　　D. 2 680

11. 下列属于企业降低人工成本进行薪酬控制的方法是（　　）。

A. 薪酬冻结　　B. 增加销售值

C. 增加产品附加值　　D. 控制活劳动投入量

12. 计算企业人工成本需考虑（　　）。

A. 原材料购买费　　B. 物资折旧费

C. 生产设备费　　D. 福利费用

13. 反映人工成本各组成项目占人工成本总额比例的指标是（　　）。

A. 人工成本总量指标　　B. 人工成本结构指标

C. 比率型指标　　D. 比例型指标

14. 作为其他薪酬计算基准的薪酬是（　　）。

A. 基本薪酬　　B. 可变薪酬

C. 奖金　　D. 福利

15. 其他条件不变，员工的企业工龄越长，年功工资越（　　）。

A. 高　　B. 低

C. 不变　　D. 中等

16. 绩效薪酬具有的特点是（　　）。

A. 常规性　　B. 基准性

C. 激励性　　D. 相对稳定性

17. 关于绩效薪酬说法正确的是（　　）。

A. 绩效薪酬根据工作成果支付

B. 计时工资制属于绩效薪酬形式

C. 绩效薪酬用于维持员工基本的生活

D. 绩效薪酬的变化幅度不大

18. 以福利的实施主体为依据，可以将福利分为全员性福利、特种福利和（　　）。

A. 法定福利　　B. 自愿性福利

C. 固定福利　　D. 特困福利

19. 其他条件不变，当整个行业的福利水平上升时，企业的福利水平应当（　　）。

A. 降低　　B. 提高

C. 不变　　D. 时而降低时而提高

20. 企业福利项目包括（　　）。

A. 社会保险　　B. 带薪休假

C. 收入保障计划　　D. 津贴

第二部分　非选择题

二、名词解释题（本大题共5小题，每小题2分，共10分。）

21. 技能薪酬

22. 滞后型薪酬策略

23. 宽带型薪酬结构

24. 薪酬预算

25. 法定福利

三、判断改错题（本大题共5小题，每小题4分，共20分。判断下列各题划线处的正误，正确的划上“√”；错误的划上“×”，并改正错误。）

26. 企业的薪酬方案应当公开，而且清晰易用，这体现了薪酬管理的透明性原则。（　　）

27. 薪酬结构设计的基础和前提是职位评价。（　　）

28. 与人们常谈到的“微观接近法”相似，会因为不能从企业总体角度考虑人力资本的分配，而导致薪酬预算无法正确有效地分配使用，这是“自上而下”薪酬预算法。（　　）

29. 为补偿特殊工作条件给员工造成损失而支付的报酬是补贴。（　　）

30. 团队绩效薪酬的典型形式有利润分享计划、收益分享计划、成功分享计划和班组奖励计划等。（　　）

四、简答题（本大题共5小题，每小题6分，共30分。）

31. 简述影响薪酬管理的内部因素。

32. 简述强化理论的内容。

33. 简述基本薪酬的设计步骤。

34. 简述个人绩效薪酬的缺点。

35. 简述“自助餐式”福利制度的设计原则。

五、论述题（本大题共 2 小题，每小题 10 分，共 20 分。）

36. 企业如何进行薪酬市场调查？

37. 试论职位评价的工作程序。

四川省高等教育自学考试
薪酬管理模拟试卷（十三）
参考答案

（课程代码 06091）

一、单项选择题（本大题共20小题，每小题1分，共20分。）

1. D	2. A	3. C	4. B	5. A	6. D	7. A
8. A	9. C	10. B	11. A	12. D	13. B	14. A
15. A	16. C	17. A	18. D	19. B	20. C	

二、名词解释题（本大题共5小题，每小题2分，共10分。）

21. 答：技能薪酬是以员工自身所掌握的技能水平或所具备的胜任能力为基础向员工支付的工作薪酬。

22. 答：滞后型薪酬策略是指企业大多数职位的薪酬水平低于市场平均水平。

23. 答：宽带型薪酬结构是指对多个薪酬等级及薪酬变动范围进行重新组合，从而变成只有相对较少的薪酬等级及相应的较宽薪酬变动范围。

24. 答：薪酬预算是薪酬管理过程中各项人力费用支出权衡取舍的一个计划，它规定了在预算期内企业可以用于支付薪酬费用的资金。

25. 答：法定福利是指通过立法强制实施的、对所有的员工都实施的福利，包括社会保险和各类休假制度。

三、判断改错题（本大题共5小题，每小题4分，共20分。）

26. √。

27. ×

将“职位评价”改为“职位分析”。

28. ×

将“自上而下”改为“自下而上”。

29. ×

将“补贴”改为“工作津贴”。

30. √。

四、简答题（本大题共5小题，每小题6分，共30分。）

31. 答：

影响薪酬管理的内部因素有：①企业的经营战略；②企业的管理哲学和企业文化；③企业财务状况。

32. 答：

强化理论的内容有：

（1）人的行为受到正强化趋向于重复发生，受到负强化则会趋向于减少发生；

（2）激励人们按一定要求和方式去工作，以达到预定的目的，奖励往往比惩罚有效；

（3）反馈是强化的一种重要方式，应该让人们通过某种形式或途径及时了解行为的结果。

（4）为了使某种行为得到加强，奖赏应在行为发生以后尽快提供，延缓奖赏会降低强化作用。

33. 答：

基本薪酬的设计步骤：①工作分析；②职位评价；③薪酬市场调查；④确定基本薪酬结构。

34. 答：

个人绩效薪酬的缺点有：

（1）鼓励员工注重短期效益，损害企业长期利益；

（2）有损团队精神，员工间合作水平低，易引发不良竞争；

（3）“员工的努力与取得的绩效”二者间的关联度不高；

（4）操作存在复杂性，衡量单个员工所贡献的绩效要受到多个因素的影响。

35. 答：

“自助餐式”福利制度的设计原则有：①物质与非物质的统一；②个人需要与组织目标的统一；③公平与效率的统一；④保障与激励的统一。

五、论述题（本大题共2小题，每小题10分，共20分。）

36. 答：

（1）根据需要审视现有的薪酬调查数据，确定调查的必要性及实施方式：①审视现有的薪酬调查数据，确定是否需要做薪酬调查；②确定如何进行薪酬调查。

（2）选择准备调查的职位及其层次：①确定需要调查的职位类别；②进行恰当的职位配比。

（3）确定劳动力市场范围，明确作为调查对象的目标企业及其数量：①界定调查所面向的劳动力市场范围；②明确作为调查对象的目标企业及其数量。

（4）选择所要搜集的相关资料：①关于企业的资料；②关于薪酬的资料。

（5）设计薪酬调查问卷并实施调查：①薪酬调查问卷的设计；②寄发并搜集调查问卷。

（6）调查数据的处理和分析：①调查数据的核查；②调查数据的统计分析；③调查报告的撰写。

37. 答：

（1）目标选择与组织。

（2）方案设计：①开展职位分析；②组建职位评价委员会；③挑选出合适的职位评价方法，确定该方法的“薪酬要素”，并对工作职位进行评价；④选择职位评价基准职位；⑤评价其他工作职位，确定最后的职位价值排列。

（3）方案实施与情报分析。

（4）结果表达与运用。

附 录

1. 四川省高等教育自学考试
人力资源管理（专升本）专业课程设置与学分

专业层次：专升本　　　　　　　　　　　　　　　　专业代码：120206

序号	课码	课程名称	学分	备注
1	00051	管理系统中计算机应用	3	
	00052	管理系统中计算机应用（实践）	1	
2	04184	线性代数（经管类）	4	
3	06091	薪酬管理	6	
4	13000	英语（专升本）	7	
5	13683	管理学原理（中级）	6	
6	13887	经济学原理（中级）	6	
7	03708	中国近现代史纲要	2	
8	03709	马克思主义基本原理概论	4	
9	13811	绩效管理	6	
10	13967	劳动关系与劳动法	4	
	13968	劳动关系与劳动法（实践）	2	
11	14056	培训与人力资源开发	6	
12	14104	人力资源管理（中级）	4	
13	14106	人力资源管理高级实验（实践）	4	
14	14112	人员素质测评理论与方法	5	
15	11759	工作分析与评价	4	不考英语（专升本）的加考课程
16	12694	管理沟通	4	
17	00000	毕业考核（或论文\综合实践\实验\实习等）	10	
合计		80学分		

2. 四川省高等教育自学考试
人力资源管理（专升本）专业考试计划对应衔接表

<table>
<tr><td colspan="4">旧计划课程</td><td colspan="4">新计划课程</td><td rowspan="2">备注</td></tr>
<tr><td colspan="4">人力资源管理（专升本），Y020218</td><td colspan="4">人力资源管理（专升本），W120206</td></tr>
<tr><td>序号</td><td>课码</td><td>课程名称</td><td>学分</td><td>序号</td><td>课码</td><td>课程名称</td><td>学分</td><td></td></tr>
<tr><td>1</td><td>03708</td><td>中国近现代史纲要</td><td>2</td><td>1</td><td>03708</td><td>中国近现代史纲要</td><td>2</td><td rowspan="13">对应顶替</td></tr>
<tr><td>2</td><td>00182</td><td>公共关系学</td><td>4</td><td>2</td><td>03709</td><td>马克思主义基本原理概论</td><td>4</td></tr>
<tr><td>3</td><td>00015</td><td>英语（二）</td><td>14</td><td>3</td><td>13000</td><td>英语（专升本）</td><td>7</td></tr>
<tr><td>4</td><td>00054</td><td>管理学原理</td><td>6</td><td>4</td><td>13683</td><td>管理学原理（中级）</td><td>6</td></tr>
<tr><td>5</td><td>06088</td><td>管理思想史</td><td>9</td><td>5</td><td>04184</td><td>线性代数（经管类）</td><td>4</td></tr>
<tr><td>6</td><td>00889</td><td>经济学（二）</td><td>5</td><td>6</td><td>13887</td><td>经济学原理（中级）</td><td>6</td></tr>
<tr><td rowspan="2">7</td><td rowspan="2">06089</td><td rowspan="2">劳动关系与劳动法</td><td rowspan="2">6</td><td rowspan="2">7</td><td>13967</td><td>劳动关系与劳动法</td><td>4</td></tr>
<tr><td>13968</td><td>劳动关系与劳动法（实践）</td><td>2</td></tr>
<tr><td>8</td><td>06090</td><td>人员素质测评理论与方法</td><td>6</td><td>8</td><td>14112</td><td>人员素质测评理论与方法</td><td>5</td></tr>
<tr><td>9</td><td>06093</td><td>人力资源开发与管理</td><td>6</td><td>9</td><td>14104</td><td>人力资源管理（中级）</td><td>4</td></tr>
<tr><td rowspan="2">10</td><td rowspan="2">00051</td><td rowspan="2">管理系统中计算机应用</td><td rowspan="2">4</td><td rowspan="2">10</td><td>00051</td><td>管理系统中计算机应用</td><td>3</td></tr>
<tr><td>00052</td><td>管理系统中计算机应用（实践）</td><td>1</td></tr>
<tr><td>11</td><td>06091</td><td>薪酬管理</td><td>6</td><td>11</td><td>06091</td><td>薪酬管理</td><td>6</td></tr>
<tr><td>12</td><td>00041</td><td>基础会计学</td><td>5</td><td>12</td><td>13811</td><td>绩效管理</td><td>6</td><td rowspan="3">选择顶替</td></tr>
<tr><td>13</td><td>06092</td><td>工作分析</td><td>4</td><td>13</td><td>14056</td><td>培训与人力资源开发</td><td>6</td></tr>
<tr><td></td><td></td><td></td><td></td><td>14</td><td>14106</td><td>人力资源管理高级实验（实践）</td><td>4</td></tr>
</table>

说明：

1. 只能用已取得合格成绩的旧计划课程顶替新计划课程，不能逆向顶替。

2. 1 个序号为 1 门完整课程，1 门课程只能选择一种顶替办法，不能重复使用。

3. 对应顶替区课程，同一行 1 门课程顶替 1 门课程，不能顶替其他课程。

4. 选择顶替区课程，旧计划任选 1 门课程顶替新计划任意 1 门课程。

西南财经大学出版社
郑重声明